商品知识与实训

第 2 版

主　编　王　羽
副主编　张姗姗
参　编　王梦璐　李　楠

机械工业出版社

本书是基于2022年修订的职业教育专业简介和专业教学标准，依据零售业的线上线下商品营业员等职业和商品销售等岗位的相关要求，结合商品学基础理论与实训操作进行的再版修订。

本书按照新专业标准进行编写，采用理实一体化模式，让师生双方边教、边学、边做，全程构建素质和技能培养框架，丰富课堂教学和实践教学环节。本书共有七章，包括：商品知识概述、商品质量和商品质量管理、商品分类与编码、商品标准和质量认证、商品包装与标志、商品检验、商品储运及养护。内容涵盖商品知识各领域，符合新专业标准的教学要求。各章结尾设置知识与技能训练模块，通过知识小测、案例分析、技能训练和岗位实战四个项目综合考评学生对知识和技能的掌握，理实一体，知行合一。

本书坚持牢固树立新发展理念，服务于现代化经济体系的建设和实现更高质量、更充分就业需要，对接科技发展趋势和市场需求，体现行业发展新技术、新工艺、新规范、新标准，以及相关领域的最新研究成果和行业动态，使读者能够及时掌握商品学领域的前沿知识。同时，本书还配备有微课视频，扫描书中二维码即可观看。

本书可作为职业院校连锁经营与管理专业、市场营销专业的教学用书，也可作为企业培训用书以及对商品知识有兴趣的读者学习、参考用书。

图书在版编目（CIP）数据

商品知识与实训 / 王羽主编. -- 2 版. -- 北京：机械工业出版社，2024.10. -- ISBN 978-7-111-76878-4

Ⅰ. F76

中国国家版本馆 CIP 数据核字第 2024WF0538 号

机械工业出版社（北京市百万庄大街22号　邮政编码100037）
策划编辑：邢小兵　　　　　责任编辑：邢小兵
责任校对：潘　蕊　张　薇　封面设计：王　旭
责任印制：单爱军
北京虎彩文化传播有限公司印刷
2024年11月第2版第1次印刷
184mm×260mm・12印张・207千字
标准书号：ISBN 978-7-111-76878-4
定价：49.00元

电话服务　　　　　　　　　网络服务
客服电话：010-88361066　　机　工　官　网：www.cmpbook.com
　　　　　010-88379833　　机　工　官　博：weibo.com/cmp1952
　　　　　010-68326294　　金　书　网：www.golden-book.com
封底无防伪标均为盗版　机工教育服务网：www.cmpedu.com

前　言

　　本书是基于2022年修订的职业教育专业简介和专业教学标准，依据零售业的线上线下商品营业员等职业和商品销售等岗位的相关要求，结合商品学基础理论与实训操作进行的再版修订。

　　本次修订从商品管理岗位对商品知识和技能的相关需求出发，以活动和案例为主线，设计七大内容，新增、替换百余个最新案例，将学习、探究、拓展有机结合。以训练学生的商品管理能力和培养学生的职业素养为目标，坚持理论联系实际，突出职业教育特色。

　　本书具有以下特点：

一、系统设计课程思政，育教相融，培根铸魂

　　本书积极贯彻落实党的二十大精神，以习近平新时代中国特色社会主义思想为指导，落实立德树人根本任务，旗帜鲜明地坚持正确的政治方向、舆论导向和价值取向。每章设置知识、能力、素养三维目标，深入挖掘专业、课程背景下的思政元素；"新规速览"专栏着重介绍近年来国家发布的一系列政策、法规、标准，以培养学生职业素养与法治精神；"拓展阅读"中涉及绿色发展、高质量发展、新质生产力等国家发展战略内容，将学生学习就业和国家发展大局联系在一起，培育正确的价值观、择业观；"走进非遗"则以我国非物质文化遗产为契机，介绍了诸如景泰蓝掐丝珐琅工艺、绒花技艺等，以我国优秀的传统文化熏陶思想，培育爱国情怀。

二、内容科学先进，反映产业发展新进展，对接科技发展新趋势

　　本书坚持牢固树立新发展理念，服务建设现代化经济体系和实现更高质量、更充分就业需要，对接科技发展趋势和市场需求，体现新技术、新工艺、新规范、新标准，以及相关领域的最新研究成果和行业动态，使学生能够及时掌握商品学领域的前沿知识和技术，提升服务国家产业发展的能力。

　　"知识拓展"专栏中，重点介绍了行业相关新知识、新规范和新标准，如茶叶类产品强制性国家标准、绿色食品包装体系等；"企业案例"以我国

知名企业为例，从微观角度介绍其先进技术与管理服务特色，如海底捞创新式特色服务、厦航的质量文化、瑞幸咖啡的创意包装等；"行业动态"则从宏观角度出发，着重介绍相关行业的新技术、新工艺、新方法，如北京地铁无人驾驶技术、杭州亚运会上首次探索使用的5.5G新技术、"机器狗"智能巡检员、深圳"空中出租车"等。内容科学先进、针对性强，突出职业教育特色。

三、基于工作过程导向，进行案例式教学，构建科学合理的知识技能体系

本书依据新专业教学标准，注重"中高本专业一体化"衔接，以职场情境贯穿始终，选用近三年最新案例作为素材，进行符合教学要求的改写和分析，满足日新月异的专业发展需求。内容涵盖了商品学领域主要的基本概念、基本知识和基本理论，设计了商品知识概述、商品质量和商品质量管理、商品分类与编码、商品标准和质量认证、商品包装与标志、商品检验、商品储运及养护七个章节的知识体系。

四、合理设置栏目，文、图、表并茂，生动活泼，形式新颖

本书以培养职业能力为目标，精心设计模块和栏目，最终确定了"学习目标""学习导图""案例导引""基础知识""知识拓展""企业案例""行业动态""新规速览""拓展阅读""知识与技能训练"十个模块，构思别致，内容新颖。在"基础知识"模块中，设置了"课堂训练""学习探究"栏目，及时巩固所学知识，培养学生独立思考能力；在"知识与技能训练"模块中，分设"知识小测""案例分析""技能训练""岗位实战"四个栏目，突出实训练习，践行理实一体。

五、构建多样化学习资源，高效率实现线上线下互动教学

本书体现了数字技术对教育教学的强大支撑，以丰富的数字化资源辅助教与学，配有微课视频、教学设计、电子课件、拓展学习资料、参考答案等，以满足"互联网+"时代移动学习的需要，推动师生的教学互动，推动生生的合作学习。

本书建议学时为72学时，具体分配如下：

章	节	学时
第1章　商品知识概述	1.1　商品概述	4
	1.2　商品学的产生与发展	2
	1.3　商品学的研究对象和内容	2
第2章　商品质量和商品质量管理	2.1　商品质量的概念	2
	2.2　商品质量的基本要求	2
	2.3　影响商品质量的主要因素	6
	2.4　商品质量管理	2
第3章　商品分类与编码	3.1　商品分类概述	4
	3.2　商品目录与编码	4
第4章　商品标准和质量认证	4.1　商品标准和标准化	4
	4.2　商品标准分级与编号	8
	4.3　商品质量认证	4
第5章　商品包装与标志	5.1　商品包装概述	4
	5.2　商品包装材料	2
	5.3　商品包装技法	2
	5.4　商品包装标志	4
第6章　商品检验	6.1　商品检验概述	2
	6.2　商品检验方法	6
	6.3　商品品级	2
第7章　商品储运及养护	7.1　商品储运	4
	7.2　商品养护	2

　　本书由黑龙江省商务学校王羽担任主编，黑龙江省商务学校张姗姗担任副主编，参与本书编写的还有黑龙江省商务学校的王梦璐、李楠。具体分工为：第1章由张姗姗编写，第2、3、4、5、6章由王羽编写，第7章由王梦璐、李楠编写。电子课件、教学设计等教学资源由王梦璐、李楠辅助完成。同时，哈尔滨市佰沃商贸有限公司、哈尔滨致勋文化传播有限公司、忠君连锁超市在本书编写过程中提供了细心的企业指导与帮助，在此表示衷心的感谢。

　　本书在编写过程中，参阅了大量文献与网站资料，在此对有关资料的编辑和著作者致以诚挚的感谢！由于编者水平有限，书中的缺点与不成熟之处在所难免，恳请读者批评指正并提出建议与意见。谢谢！

编　者

二维码索引

序号	名称	图形	页码	序号	名称	图形	页码
微课1	商品的概念		003	微课6	商品标准分类		065
微课2	商品的整体概念		006	微课7	商品包装的作用		100
微课3	商品质量的概念		019	微课8	商品包装合理化要求		102
微课4	影响商品质量的主要因素		026	微课9	商品检验的内容		133
微课5	商品分类标志		045	微课10	感官检验法		138

目 录

前言

二维码索引

第 1 章　商品知识概述 / 001

　　案例导引　/ 002

　　1.1　商品概述　/ 003

　　1.2　商品学的产生与发展　/ 009

　　1.3　商品学的研究对象和内容　/ 010

　　知识与技能训练　/ 012

第 2 章　商品质量和商品质量管理 / 017

　　案例导引　/ 018

　　2.1　商品质量的概念　/ 019

　　2.2　商品质量的基本要求　/ 022

　　2.3　影响商品质量的主要因素　/ 025

　　2.4　商品质量管理　/ 031

　　知识与技能训练　/ 036

第 3 章　商品分类与编码 / 039

　　案例导引　/ 040

　　3.1　商品分类概述　/ 041

　　3.2　商品目录与编码　/ 051

　　知识与技能训练　/ 058

第 4 章　商品标准和质量认证 / 063

案例导引　/ 064

4.1　商品标准和标准化　/ 065

4.2　商品标准分级与编号　/ 071

4.3　商品质量认证　/ 083

知识与技能训练　/ 092

第 5 章　商品包装与标志 / 097

案例导引　/ 098

5.1　商品包装概述　/ 099

5.2　商品包装材料　/ 110

5.3　商品包装技法　/ 115

5.4　商品包装标志　/ 116

知识与技能训练　/ 124

第 6 章　商品检验 / 129

案例导引　/ 130

6.1　商品检验概述　/ 131

6.2　商品检验方法　/ 138

6.3　商品品级　/ 145

知识与技能训练　/ 146

第 7 章　商品储运及养护 / 153

案例导引　/ 154

7.1　商品储运　/ 155

7.2　商品养护　/ 172

知识与技能训练　/ 177

参考文献 / 181

第 1 章　商品知识概述

学习目标

知识目标
- 能说出商品概念及两个判定条件
- 能归纳商品整体概念五个层次的具体内容
- 能概述我国商品学发展史

能力目标
- 会借助判定商品的两个条件辨别、判定商品
- 会拆解分析3~5类商品整体概念具体内容
- 会用学到的理论知识解决实际问题与困难

素养目标
- 树立创新引领发展观念

学习导图

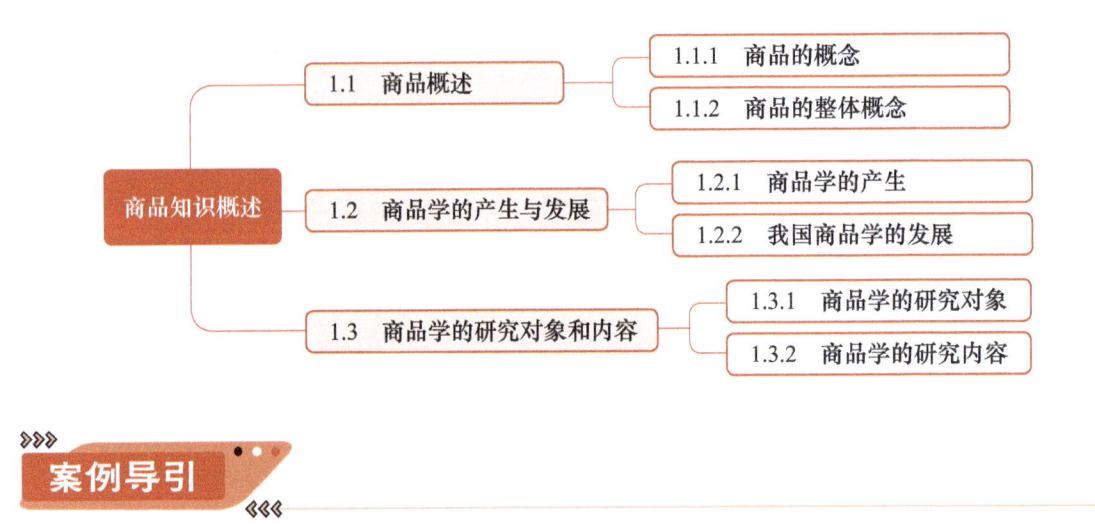

- 商品知识概述
  - 1.1 商品概述
    - 1.1.1 商品的概念
    - 1.1.2 商品的整体概念
  - 1.2 商品学的产生与发展
    - 1.2.1 商品学的产生
    - 1.2.2 我国商品学的发展
  - 1.3 商品学的研究对象和内容
    - 1.3.1 商品学的研究对象
    - 1.3.2 商品学的研究内容

案例导引

"小商品"闯出"大市场"

2023年9月，习近平总书记在浙江考察期间，来到义乌国际商贸城考察。习近平总书记强调，义乌小商品闯出了大市场、做成了大产业，走到这一步很了不起，每个人都是参与者、建设者、贡献者。商贸城要再创新辉煌，为拓展国内国际市场、畅通国内国际双循环做出更大贡献。

义乌国际商贸城坐落于义乌繁华的稠州路，是我国小商品城顺应市场国际化发展需要而建造的现代化批发市场。其营业面积470多万平方米，拥有7万多个商铺，21万多家供应商，26个大类、210多万种商品，日均客流量21万人次。在这里，每一件小商品都蕴含着制造商们的匠心独运和不懈努力。从服饰鞋包到科技味、时尚味、创新味十足的文创用品，通过空运、海运、陆运等多种运输方式销往219个国家和地区。2005年联合国、世界银行等世界权威机构联合发布报告称"义乌为全球单体规模最大的小商品批发市场"；同年，被国家旅游局命名为国家AAAA级购物旅游景区。

从走街串巷的"鸡毛换糖"到买卖全球的"世界超市"，从一座县级小城到"一带一路"重要节点城市，"小商品海洋，购物者天堂"已成为繁荣、文明的义乌市的代名词，它正以自己独有的活力与实力，演绎着"世界小商品之都"的时代魅力。

案例启示：义乌从"小生意"到"大市场""大产业"的蝶变，在于紧跟市场需求，敢于创新、善于变革，以敏锐的市场洞察力，准确把握消费者喜好，发掘潜在市场机会。这种以市场需求为导向的创新模式，确保义乌小商品能够不断赢得市场青睐。

商品学是我国经济管理类专业的重要专业课程。在市场经济条件下，市场中运行的最基本客体是商品，无论是市场的建立，还是商品的流通，以及贸易的发展都离不开商品，其成败的关键在于商品的质量。因此，不了解商品的属性，不懂得商品的质量，就很难在市场经济中立足。无论是市场营销从业人员，还是普通的消费者，都应该了解并掌握一定的商品学知识。

基础知识

1.1 商品概述

1.1.1 商品的概念

何为商品？明确这个概念是学习商品知识的首要前提。首先借助一幅图片来理解商品的概念。图1-1直观地反映了物品、劳动产品和商品三者之间的包含与被包含的关系，即物品包含了劳动产品，而劳动产品又包含了商品。从图1-1中可以得出结论：不是所有的物品都是商品，也不是所有的劳动产品都是商品，商品是用于交换的劳动产品，是使用价值和价值的统一体。

图1-1 商品的概念

商品必须同时满足两个必备的条件：第一，必须是劳动产品，即是由人们的劳动创造出来的；第二，劳动产品必须用于交换，即劳动产品只有进入流通领域才是商品。

为更进一步理解商品的概念，我们再利用两个表（见表1-1和表1-2），采用比较法把握物品、劳动产品和商品的本质区别，深刻揭示商品的内涵和本质属性。

表1-1 商品与劳动产品比较

项目	商品	劳动产品
区别	1. 用于交换 2. 有价值 3. 是历史范畴	1. 不用于交换 2. 没价值 3. 是永恒范畴
联系	1. 都是劳动产品 2. 都具有使用价值 3. 在一定条件下可相互转化	

表1-2　商品与非劳动产品的物品比较

项目	商品	非劳动产品的物品
区别	1. 是劳动产品 2. 用于交换 3. 是历史范畴	1. 不是劳动产品 2. 不用于交换（特殊情况除外） 3. 是永恒范畴
联系	都具有使用价值	

课堂训练

1．讨论以下哪一种情况的空气是商品。

（1）空气。

（2）由于空气污染，一些国家对污染的空气进行提炼，把提炼出来的新鲜空气装入密封的罐子中。

（3）把装入罐子中的新鲜空气拿到市场上出售。

2．讨论以下哪一种情况的粮食是商品。

（1）农民春耕秋收，丰收的粮食储备起来供自家食用。

（2）多余的粮食拿到市场上出售。

（3）城镇里的消费者在市场上购买后的粮食。

新规速览

《食用农产品市场销售质量安全监督管理办法》实施

悠悠万事，吃饭为大。我国是粮食生产大国，2023年我国粮食产量再创历史新高，粮食安全是事关人类生存的根本性问题，保障粮食和重要农产品稳定安全供给始终是建设农业强国的头等大事。为了规范食用农产品市场销售行为，加强食用农产品市场销售质量安全监督管理，保障食用农产品质量安全，2023年6月30日，国家市场监督管理总局公布《食用农产品市场销售质量安全监督管理办法》，2023年12月1日起开始施行。该办法明确了经营者销售生鲜食用农产品时，不得使用对食用农产品的真实色泽等感官性状造成明显改变的照明等设施，误导消费者对商品的感官认知。

《食用农产品市场销售质量安全监督管理办法》自12月1日起实施，明确经营者销售生鲜食用农产品时，不得使用对食用农产品的真实色泽等感官性状造成明显改变的照明等设施，误导消费者对商品的感官认知。

学习探究

以下三种情况是不是商品，请说明理由。

1．自己动手做的玩具。

分析：_____

2．消费者购买后的"商品"。

分析：_____

3．某同学过生日，大家送给他/她的礼物。

分析：_____

行业动态

智享科技——新技术创造新生活

随着科技的不断进步，人类的生活也不断发生着改变。在过去的几十年里，出现了许多不寻常的发明创造，这些新产品的问世以其独特和创新的功能，给人们的生活带来了无尽的乐趣和惊喜。

无人驾驶技术是一种集成了多种先进技术如传感器、计算机、人工智能、通信、导航定位、模式识别、机器视觉、智能控制等的综合系统，旨在实现车辆在没有人类司机的情况下自主运行的技术。随着关键技术的不断成熟和相关政策的支持，无人驾驶技术的研究范围正在不断扩大，技术水平也在不断提升。

北京地铁燕房线于2017年12月30日开通，2019年12月实现最高等级全自动运行，列车全过程无须人工操作。无人驾驶地铁列车最大的亮点是采用先进的全自动控制解决方案，无须司机操控即可实现列车自动唤醒、自检、自动发车离站、上下坡行驶、到站精准停车、自动开闭车门等全自动操作。

同样，成都地铁9号线是成都市首条全自动无人驾驶的地铁线路，2020年12月18日开通运营，它是我国中西部地区首条全自动无人驾驶的地铁线路。截至2023年7月，成都地铁9号线日最高客运量为2023年4月28日的39.77万人次。

在海口东湖，一艘无人驾驶清洁船正在清扫作业，该船运载量可达50公斤，可以清理湖

面上的树叶、水草、塑料水瓶等垃圾废物。

无人驾驶技术有望在未来进一步提高出行效率、减少能源消耗和安全隐患，也将对交通管理、城市规划和社会生活方式产生深远影响。

1.1.2 商品的整体概念

现代经济学认为商品的概念是广义的、整体的。它不仅指一种物体，也不仅指一种服务，还包括购买商品时所得到的直接的、间接的，有形的、无形的利益和满足感。概括地说，商品是人类有目的的劳动产品，是人类社会需要的物化体现，可以包括实物、知识、服务和利益等。商品的整体概念应包括五个层次的内容，见图1-2。

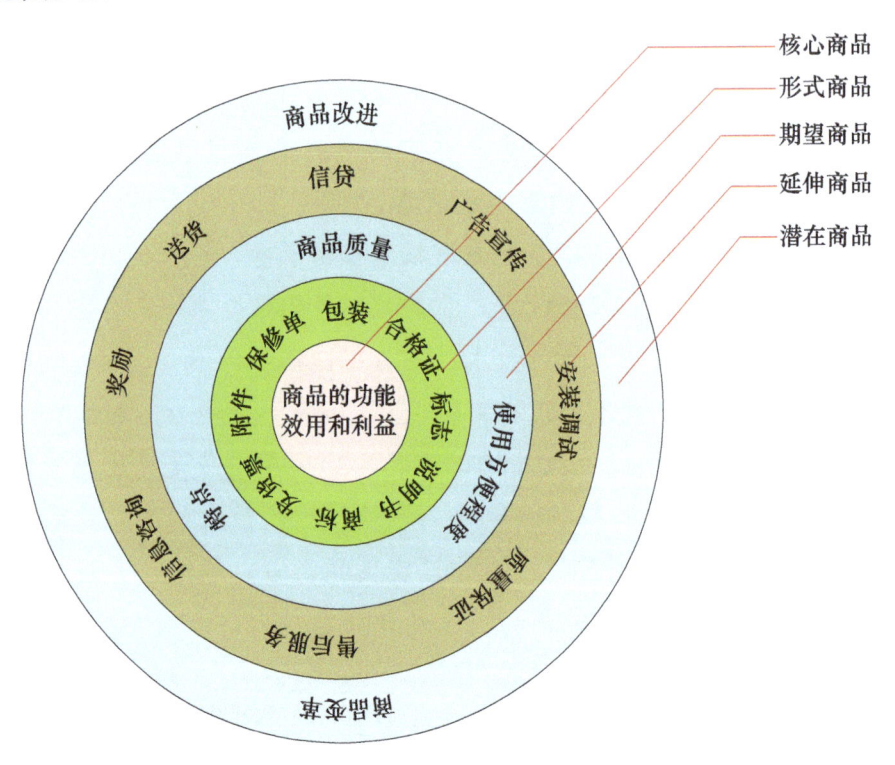

图1-2 商品的整体概念

1. 核心商品

核心商品是指商品具有满足人们某种消费需求的功能。它是消费者购买商品时所追求的核心利益，是商品的核心部分，是消费者真正要购买的东西。例如，消费者购买洗衣机并不是为了获得装有某些机械、电器零件的一个箱子，而是为了它能代替人力洗衣服，从而减轻家务劳动。又如，女士购买口红不仅是为了购买涂到嘴唇上的颜色，更重要的是购买这种商品带来的漂亮、美丽和自信。所以，市场营销人员的根本任务就是向消费者推销商品的实际利益，而学习商品学就是使营销从业人员理解并掌握商品的实际利益。

2. 形式商品

形式商品是指向市场提供的商品实体或劳务的外观，是核心商品借以实现的形式。形式商品对消费者起到识别和确认商品、保护和维护商品等作用。形式商品包括八项内容，即包装、标志、商标、附件、说明书、合格证、保修单和发货票。

（1）包装。商品的包装分为运输包装和销售包装，起到保护、美化、宣传商品的作用。

（2）标志。标志是标明在商品上和包装物上的各种文字和符号。商品标志主要有商品的名称标志、条形码标志、运输和销售标志、绿色环保标志、安全认证标志、卫生标志等（见图1-3）。

图1-3　中国强制认证标志与绿色食品标志

（3）商标。商标的使用可以区分不同的商品或服务，它最重要、最本质的功能是引导消费者认牌消费。

（4）附件。商品附件是商品之外的附加物品，它是商品使用和维护时的必备品，为扩展商品的应用范围、多用途使用提供了方便。

（5）说明书。说明书是商品的使用指南。在说明书中有商品技术性能、质量指标等详细说明，它是选购商品时区别商品效用、品质的主要依据。另外在说明书中还有商品的功能和使用方法的详细说明等。

（6）合格证。合格证（见图1-4）是商品出厂时，厂家给出的一个质量合格的认证。它可以是一个合格证书，也可以是一个合格证标签，上面

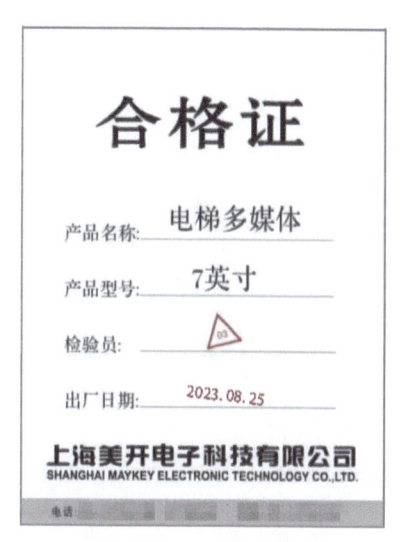

图1-4　产品合格证

印有质检员的标记，说明产品各项质量指标检验合格。合格证具有法律效用。

（7）保修单。保修单是商品售后服务的一种承诺，为消费者提供售后服务保障。在保修单上注有购买日期，保修范围、地点和期限。

（8）发货票。发货票是商品交换双方的重要证据，是销售商品时国家税收制度的一个组成部分，是合法交易的标志。发货票本身是有价的。

对于服务类产品，其形式商品则由服务的程序、服务人员、地点、时间和品牌五大因素构成。

3. 期望商品

期望商品是消费者在购买商品前对所购商品质量、使用方便程度、特点等方面的期望值。期望商品得不到满足时，会影响消费者对商品的满意程度、购后评价和重复购买率。

4. 延伸商品

延伸商品是消费者在购买商品时所获得的各种销售服务（包括售前服务、售中服务、售后服务）和附加利益。如销售时的分期付款、优惠、折扣；销售之后的保退、保换、保修、送货上门、免费安装调试、维修、技术培训等都属于延伸商品的范畴。目前，企业可提供的同类商品在核心商品和形式商品层次上越来越接近，企业要想取得竞争优势，应着眼于比竞争对手提供更多的延伸商品，因为延伸商品为消费者提供了更多的实际利益，有利于引导、启发、刺激消费者购买及重复购买，提高消费者的满意度及忠诚度。

> **课堂训练**
>
> 某品牌销售经理说："一家成功的企业除了生产优质产品外，还必须提供良好的售后服务，这一理念是企业成功的根本。"
>
> 你认为他的说法正确吗，为什么？

5. 潜在商品

潜在商品是指商品在未来可能进行改进和变革。如借助手机可实现的移动电子商务、在线金融交易、无线网络连接、网络资源共享等。它是在核心商品、形式商品、期望商品、附加商品之外，能满足消费者潜在需求、尚未被消费者意识到或者已经意识到但尚未被消费者重视的产品。潜在产品是产品概念中的最高层次，谁能把握住潜在产品的发展方向谁就能取得市场先机，形成绝对竞争优势。

> **课堂训练**
>
> 以电视机为例，举例说明其商品整体概念五个层次的具体内容是什么。
>
> | 概念层次 | 具体说明 |
> |---|---|
> | 核心商品 | |
> | 形式商品 | |
> | 期望商品 | |
> | 延伸商品 | |
> | 潜在商品 | |

1.2 商品学的产生与发展

1.2.1 商品学的产生

商品学最早产生于德国，18世纪初德国的工业发展迅速，将进口的原材料加工成产品出口，从而扩大了原材料与工业品的贸易。这种贸易扩大要求商人必须具有相关的较为系统的商品知识，否则难以胜任商品贸易的需要，这样就产生了对商品学的需要。因此，当时对商业教育提出了系统讲授商品知识的要求。

18世纪后期，在商人和学者的共同努力下，德国的大学和商业院校开始了商品学课程的讲授和商品学的研究工作。商品学这个词来源于德文Warenkunde，译成英文为Commodity Science。当时的德国哥丁堡大学著名学者约翰·贝克曼教授在教学和科研的基础上，于1793年至1800年编著出版了《商品学导论》，建立了商品学的学科体系，明确了商品学的研究内容，因此约翰·贝克曼被誉为商品学的创始人，他所建立的商品学的学科体系被称为贝克曼商品学。

1.2.2 我国商品学的发展

商品学的诞生和发展是前人经验的总结，是在一定的科学文化、社会经济发展的条件下产生的。

在原始社会，生产力低下，人类处于自给自足的自然经济条件下，没有多余的劳动产品用于交换，商品学自然不存在产生的条件。但是，随着生产力的不断提高，有了剩余的劳动产品可用于交换，出现了商品经济，人类社会从此进入了商品和货币的交换时代。在这种大的时代背景之下，诞生了许多商品学著作，如春秋时代师旷著《禽经》、晋朝时期戴凯之著《竹谱》、宋朝时期蔡襄著《荔枝谱》等，这些商品学著作的出现是商品学起源的标志。

商品学在发展过程最重要的一个标志是《茶经》的出现。《茶经》的作者是茶圣陆羽，他把总结的经验和自己的观察加以归纳总结，最终写成名著。《茶经》全书约七千字，讲述了茶的起源、名称、品质，采茶的用具，茶叶的种类以及饮茶的方式方法等十大内容。

《茶经》促进了茶叶的生产与消费，推动了商品经济的繁荣，对我国的茶叶学、茶文化学，乃至整个中国的饮食文化都产生巨大的影响。我国的茶叶闻名于世界，同《茶经》的问世与传播有着密切的关系。史书上曾称由于陆羽《茶经》的问世，"天下益知饮茶"，这充分说明陆羽对茶文化所起到的不可忽视的作用。我国商品学界认为《茶经》应是世界上最早的一部茶叶商品学专著。

1.3 商品学的研究对象和内容

1.3.1 商品学的研究对象

商品学的研究对象是商品的使用价值和使用价值实现的规律性。

1. 商品的使用价值

商品的使用价值是由商品自身的有用性构成的，而商品的有用性又是由商品的自然属性所决定的。

例如，粮食能充饥、服装能遮体御寒、保温瓶能保温、手机能无线通话，充饥、遮体御寒、保温和通话等效用，就是这些商品所具有的使用价值。

2. 实现使用价值的规律性

商品的使用价值不仅取决于商品的自然属性，还取决于社会对它的需要，换句话说也就是说商品能够被公众承认和接受的程度。

同一种商品对不同的消费者来说其使用价值很可能是不一样的。对于低层消费者来说，能吃饱穿暖、坚固耐用的商品使用价值最大；但对于高层消费者来说，舒适、美观、能体现个性风度的商品往往更具使用价值（见表1-3）。

表1-3　不同消费者对商品使用价值的不同要求

消费者类型	对商品使用价值的要求
低层消费者	实用
中低层消费者	实用、美观、经济耐用
中高层消费者	实用、美观、舒适、经济耐用
高层消费者	实用、美观、舒适、彰显地位

1.3.2 商品学的研究内容

商品学研究的内容是由商品学的研究对象决定的，它以商品质量和商品品种为核心内容进行研究。

1. 商品质量

商品质量是用来衡量个体商品使用价值大小的尺度，是商品属性满足消费者需求的程度，说明商品满足人们需求的深度。

例如茶叶。茶叶具有很多功效，可供品尝、提神、止渴、保健、减肥等。可是，一种茶叶的效用究竟有多大，或者说能在多大程度上满足人们的需要这就要看它的质量如何。采一枝新茶，沏一杯色绿、香郁、味甘、形美的杭州西湖龙井，品尝者一定会在细细的品味中体会到茶的好质量。

2. 商品品种

商品品种是指具有某种共同属性和特征的商品群体，说明商品满足人们需求的广度。

例如保温瓶。一只普通的保温瓶，它可以用来盛装开水、热水，却不能自动出水，更不能用于固体冷藏。为此，人们又开发出气压式保温瓶、电动气压式保温瓶，乃至不同容积、不同用途的多种保温瓶以便更好地满足人们的多种需要。

又如咖啡。咖啡是一种比较时尚且被大多数人喜爱的一种饮品，它的品种众多，有巴西山多斯咖啡、蓝山咖啡、牛奶咖啡、夏威夷咖啡、卡布奇诺咖啡等。由于消费者的喜好不同，商家应根据消费者的不同需求，广设品种，以便消费者随意购买。

商品质量是商品使用价值的纵向，反映商品的个体使用价值。商品品种是商品使用价值的横向，反映商品的群体使用价值。质优且品种齐全的商品必然受到消费者的青睐，这也正是把商品质量和商品品种作为商品学研究主要内容的原因所在。

知识与技能训练

知识小测

一、名词解释

1．商品
2．核心商品
3．形式商品
4．延伸商品

二、不定项选择题

1．商品的整体概念包括（　　　）。
　A．核心商品　　B．形式商品　　C．期望商品　　D．延伸商品
　E．潜在商品

2．消费者真正要购买的商品是（　　　）。
　A．商品　　　　B．形式商品　　C．核心商品　　D．延伸商品

3．未来企业的竞争关键不在于工厂能生产什么商品，而在于其商品所提供的附加价值。这里所说的附加价值应该包括（　　　）。
　A．包装　　　　B．服务　　　　C．广告　　　　D．用户咨询
　E．消费信贷

4．付费性音乐软件、付费性听书软件和付费性影视软件需要购买或充会员才能观看，那么这些付费后的音乐和影视剧（　　　）。
　A．是商品，因为它既是劳动产品，又用于交换
　B．不是商品，因为它尽管是劳动产品，但没有用于交换
　C．是商品，因为它既有使用价值，又能满足不同人的需要
　D．不是商品，因为它尽管有使用价值，但没有价值

三、判断题

1．《茶经》是世界上最早的一部茶叶商品学专著。　　　　　　　　（　　）
2．空气随处可见，因此它永远不可能成为商品。　　　　　　　　　（　　）
3．粮食能充饥，服装能御寒，体现了商品具有价值。　　　　　　　（　　）

4．商品必须满足两个条件：一是凡商品必须是劳动产品，二是凡商品必须用于交换。（   ）

5．核心商品是向市场提供的商品实体或劳务的外观。（   ）

案例分析

感受千年质量之美——探访河北赵州桥

赵州桥建于隋朝，由著名匠师李春设计建造，距今已有1400多年的历史。它是世界上现存最古老的、跨度最大的、保存最完好的单孔敞肩式石拱桥，在世界桥梁史上具有划时代的地位和极高的文化价值。赵州桥是古代劳动人民智慧的结晶，开创了中国桥梁建造的新局面。

1961年，赵州桥被国务院列为第一批全国重点文物保护单位，2015年荣获石家庄十大城市名片之一。在漫长的岁月中，赵州桥经过无数次洪水冲击、风吹雨打、冰雪风霜的侵蚀和8次地震的考验，却安然无恙，巍然挺立在洨河之上。它沧桑的历史遗痕和丰厚的文化沉淀，浓缩成一本无字史书，一件质量文化作品，供祖祖辈辈尽情翻阅、品读。

赵州桥的独特，让我们感受到古代匠人的伟大；赵州桥的美丽，让我们领略了我国千年质量文化的传承。这些都体现了我国工匠的匠人精神和追逐质量的恒心。

阅读案例回答问题：

1．赵州桥在中外桥梁史上占有重要地位的根本原因是什么？

2．你如何理解我国匠人的工匠精神？

技能训练

商品整体概念调查研究

一、训练内容

结合本章学习的内容，为强化学生对商品整体概念的进一步理解，对指定商品开展调查研究。

二、训练目的

1．能进一步了解商品的特征与性能。

2．能系统地掌握商品的整体概念。

3．能利用本章学到的知识开展实地调研。

4．能清晰表达出本次调查的结果。

三、训练指导

1．布置任务：将教学班学生按3～5人的标准划分成若干个任务小组，以小组的方式完成任务。

2．任务要求：各个任务小组在充分掌握商品的概念、条件和商品整体概念的基础上，任意选择一组商品，对其核心商品、形式商品、期望商品、延伸商品和潜在商品展开调查，寻求和总结不同商品的整体概念具体内容的差异性。

第一组：服装摊与品牌服装店

第二组：街边快餐店与肯德基

第二组：快捷旅店和星级酒店

3．课堂陈述：各个任务小组成员以书面报告形式上交调研结果，也可以绘制成商品整体概念层次图进行分析比较，最后阐述小组的调研结果。

4．评价效果：各小组代表陈述后，指导教师点评该次技能训练的情况，并给予相应的表扬与奖励。

岗位实战

走访当地的书店或花店，统计、整理各店为顾客提供了哪些延伸服务。如果让你开设一间有特色的、顾客满意度高的书店或花店，你将为顾客提供哪些周到服务？

要求：

1．做好实地调研。

2．要有创新意识和创新亮点。

3．要能解决实际问题。

4．可独立或以小组为单位，任选其一任务完成。

设计一间有特色的书店/花店

延伸服务项目	设计意图

例如：银行提供眼镜、烤肉店提供一次性围裙等。

第 2 章　商品质量和商品质量管理

学习目标

知识目标
- 能背诵商品质量的概念
- 能熟记商品质量六点基本要求
- 能举例说明影响商品质量的三大因素
- 能概述商品质量管理的深远意义

能力目标
- 会根据商品质量基本要求判定商品质量的优劣
- 会借助影响商品质量因素分析商品质量优劣的原因

素养目标
- 增强质量意识，视质量为生命
- 具备发现美、感受美、展现美的能力

学习导图

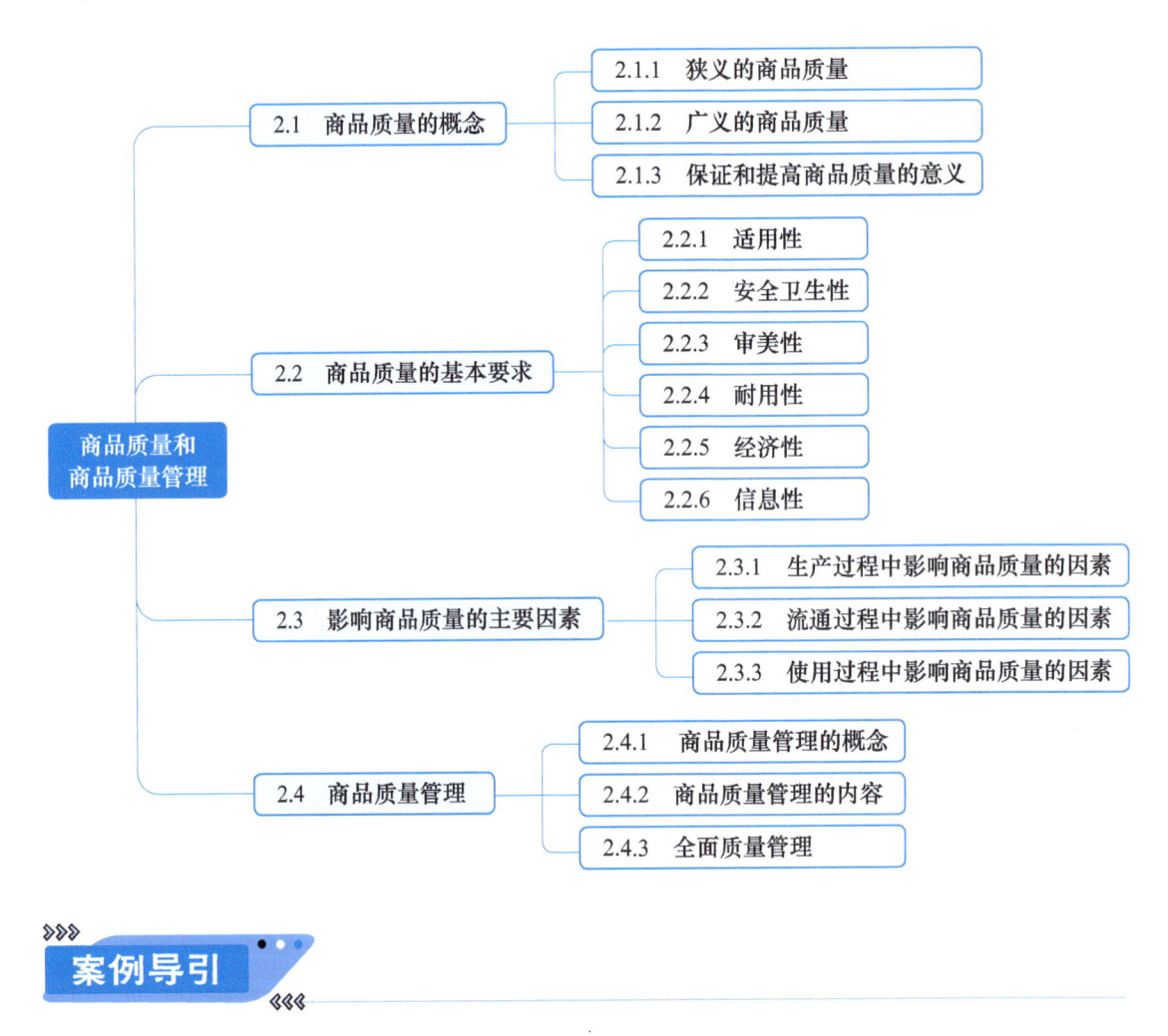

- 商品质量和商品质量管理
  - 2.1 商品质量的概念
    - 2.1.1 狭义的商品质量
    - 2.1.2 广义的商品质量
    - 2.1.3 保证和提高商品质量的意义
  - 2.2 商品质量的基本要求
    - 2.2.1 适用性
    - 2.2.2 安全卫生性
    - 2.2.3 审美性
    - 2.2.4 耐用性
    - 2.2.5 经济性
    - 2.2.6 信息性
  - 2.3 影响商品质量的主要因素
    - 2.3.1 生产过程中影响商品质量的因素
    - 2.3.2 流通过程中影响商品质量的因素
    - 2.3.3 使用过程中影响商品质量的因素
  - 2.4 商品质量管理
    - 2.4.1 商品质量管理的概念
    - 2.4.2 商品质量管理的内容
    - 2.4.3 全面质量管理

案例导引

奥运包，背到现在还没烂

2022年足球世界杯如期在卡塔尔圆满召开。卡塔尔世界杯上的中国制造如同满天繁星、遍地开花、随处可见。世界杯决赛的卢塞尔体育场、集装箱建起的球迷村、送去清风的格力空调、中国电建建造的光伏电站、中国制造的1500辆新能源客车……

在这些中国制造里，来自2008年北京奥运会媒体包又出现在了卡塔尔世界杯，成了一名"网红"，伴随多国记者朋友南征北战。从南非、巴西、俄罗斯世界杯，到伦敦、里约、东京奥运会，总是能见到"奥运包"的身影。为何大家对它"情有独钟"？不少国外记者感慨："这个包的容量很大，能装很多东西。它不仅美观，而且结实又耐用，这么多年过去，直到现在我还没有发现有比它更好用的背包。""北京奥运会的媒体包是最实用的、最结实的媒体包。"

一个小小的背包,从2008年到2022年,历经14年依然完好无损,某种意义上而言,这个背包早已超越了它本来的意义。奥运背包受欢迎的背后,是"中国制造"的缩影、"中国质量"的口碑。

案例启示:奥运背包如此受欢迎,这既是中国发展的象征,也表明中国制造、中国建造越来越多得到世界各国人民的认可和喜爱!

基础知识

2.1 商品质量的概念

商品学是以商品质量为中心内容来研究商品使用价值的一门学科,商品质量是经济管理工作永恒的主题。商品质量是指商品满足规定或潜在需求的特征和特性的总和。商品质量的含义包括狭义和广义两种,狭义的商品质量即自然质量,广义的商品质量即市场质量。

微课 3
商品质量的概念

2.1.1 狭义的商品质量

狭义的商品质量通常称为产品质量、实用质量、技术质量、客观质量和商品品质,是指评价商品使用价值优劣程度的各种自然属性的综合,是商品质量的基础,主要包括商品的性能、精度、可靠性、寿命、美观、安全卫生性、外观、色泽、音响、气味、手感、艺术性等。它以国家标准、行业标准、地方标准或订购合同中的有关规定作为评价的最低技术依据。

狭义的商品质量又包括两个要素:即外观质量和内在质量。人们在评定商品质量时,通常以这两个要素为依据。商品的外观质量主要指商品的外表形态,如商品的艺术造型、形态结构、花色图案、款式规格以及气味、滋味、光泽、声响、包装等;商品的内在质量是指商品在生产过程中形成的商品本身固有的特性,如化学性质、物理性质、机械性质、光学性质、热学性质及生物学性质等。

2.1.2 广义的商品质量

广义的商品质量是指在一定条件下,评价商品所具有的各种自然、经济、社会属性的综合及其满足消费者使用、需求的程度。广义的商品质量包括商品的内在质量、设计质量、包装质量和服务质量等,同时还要满足商品的社会性、经济性、时代性。广义的商品质量是一个动态的、发展的、变化的、相对的概念。消费者对质量的评价受时间、地点、使用条件、使用对象、用途和社会环境以及市场竞争等因素的影响。

> **课堂训练**
>
> 如今，手机已成为我们学习和生活的必需品，同学们结合自身经验，分析并探讨高品质手机具有哪些特点。

> **企业案例**
>
> 海底捞创新式特色服务
>
> 海底捞是一家以服务著称的火锅连锁品牌，其服务质量在业界和消费者心中享有极高的声誉。海底捞始终坚持以顾客为中心的服务理念，从顾客体验出发，创新性地为顾客提供愉悦的用餐服务，借助"贴心、温心、舒心"的服务，让顾客的每一次用餐都成为一场欢乐时光。海底捞提供了一系列超出顾客期望的服务，如在等待区设有舒适的沙发、杂志和电视，让顾客在等待用餐时可以放松身心，提供免费的小食、饮料和水果，部分门店还为客人提供免费的美甲、按摩服务。用餐时为客人提供多样化的菜品选择并做到定期更新菜品、个性化锅底和调料、一对一的服务，使顾客用餐时享有美好的体验。除此之外，还有便捷的预约和排队系统、生日惊喜、娱乐表演、儿童看护服务、外卖和送餐服务，这些创新式服务，使海底捞成功地吸引了大量顾客，成为火锅市场的领军品牌。

> **拓展阅读**
>
> 《质量强国建设纲要》
>
> 2023年2月，中共中央、国务院印发了《质量强国建设纲要》，并发出通知，要求各地区各部门结合实际认真贯彻落实。
>
> 《质量强国建设纲要》提出了8个方面、27项重点任务，实施7个专项工程，是各地各部门贯彻落实质量强国战略的重要政策工具，是指导我国质量工作中长期发展的纲领性文件，标志着加快建设质量强国有了具体政策依据、措施抓手、路径选择，强调要提高发展质量和效益，推动质量变革创新，建设质量强国。

2.1.3 保证和提高商品质量的意义

商品的质量是决定商品使用效能和影响商品价格的重要因素，质量的优劣直接影响商品的使用价值和价值。商品质量的高低是衡量一个国家生产力发展水平和高新技术水平的重要标志。保证和提高商品质量，满足消费者的需要，对于当前国民经济的发展，促进企业技术改造和质量管理的完善，提高人民生活水平都有着重要意义。

1. 提高商品质量有利于促进国民经济的发展

提高商品质量，降低成本，是企业的生命。它关系到企业扩大再生产、扩大经营的问题。商品是使用价值与价值的统一体，二者缺一不可，使用价值是价值的物质承担者。企业重视商品质量首先就是重视商品的使用价值。要使自己的商品能够卖出去，并卖出好价钱，也就是要顺利实现价值，那么生产者就必须为购买者着想，生产适销对路、质量上乘的商品。高质量的商品有利于企业提高信誉和形象，增强企业的市场竞争力，提高经济效益。与此同时，国家重视商品的质量有利于消费者的身体健康，有利于提升国际声誉和形象，有利于国民经济健康发展，有利于形成良好的市场经济秩序。

2. 保证和提高商品质量是创造社会财富、满足消费的重要标志

社会财富包括物质财富和精神财富。商品的使用价值是构成社会物质财富的内容之一。质量是商品具有使用价值的保证。质量高，表现为商品性能好、使用效率更高、寿命周期更长。这样既减少了消耗，又降低了成本，减少了消费者在该商品上的支出，并为消费者在生产和生活中提供了较好的物质条件。相反，就会造成人力、物力、财力的浪费。因此，保证和提高商品质量有利于国家、企业、消费者，对促进整个社会物质文明和精神文明的发展有着极其重要的作用。

3. 重视和提高商品质量是促进企业质量管理制度完善的中心环节

企业经营管理水平的提高和经营管理制度的完善，在很大程度上是通过组织本企业或本系统的优质产品的生产过程、销售过程和售后服务等一系列工作过程而逐步建立起来的。从企业的角度来看，提升商品质量是企业生存的前提和发展的保障。提升商品质量的过程也是全面提高企业管理素质的过程，重视和提高商品质量，是促进企业质量管理制度完善的中心环节。

4. 改进和提高商品质量是提高市场竞争能力的重要措施

市场竞争首先是质量的竞争。质量是商品进入市场的通行证。企业只有保证和提高商品质量，才能在国内和国际市场中争取主动权，才能赢得企业和国家的信誉，为企业创造良好的效益，提高产品市场占有率，提高企业的知名度，树立企业良好形象，为国家创造更多的价值。

2.2 商品质量的基本要求

商品质量的要求是依据商品的用途、使用方法等提出的，不同的消费者根据不同的消费目的对商品质量有着不同的要求。由于商品种类繁多，其用途和使用方法也多种多样，因此商品质量的要求也是各不相同，但归纳起来，所有商品的质量要求可概括为六点，即适用性、安全卫生性、审美性、耐用性、经济性、信息性。

2.2.1 适用性

任何商品都必须具有适用性，即有用性。它是商品为满足一定的用途或使用目的所必须具备的各种性能或功能。例如：对食品而言应具有一定的营养功能，如供给热量、保持体温、维持生命等，以维持人体正常代谢所必需；对服装而言，其适用性的内容是遮体、御寒的功能；对于照明灯具，它的适用性是指其具有通电发光的功能；电视机应具有接收信号并转化为图像和伴音的功能。

适用性除商品用途所要求的基本性能以外，还包括商品在该用途方面应尽量符合人体工程学原理，满足人们使用方便等要求。例如：商品的结构要与人体尺寸和形状及各个部位相适应；商品要与人的视觉和听觉能力、触觉能力、味觉和嗅觉能力、知觉能力以及信息再处理能力相适应；商品的使用操作要符合简单、宜掌握、不易出错等要求。商品的多功能化扩大了商品的适用范围，使用起来更加方便，比单一功能的商品更受欢迎，已成为现代商品的发展趋势。

> **知识拓展** 冻干枸杞质量的基本要求
>
> 根据T/ZNGQXH 004—2023团体标准的规定，冻干枸杞的感官指标规定如下：
>
> | 项目 | 等级及要求 ||| 检验方法 |
> |---|---|---|---|---|
> | | 特优级 | 特级 | 甲级 | |
> | 形状 | 类纺锤形、长椭圆形 ||| SN/T 0878 |
> | 色泽 | 鲜红色或橘红色 ||| |
> | 滋味、气味 | 具有冻干枸杞应有的滋味和气味 ||| |
> | 杂质 | 不得检出 ||| |
> | 不完善粒（%） | ≤1.0 | ≤1.5 | ≤3.0 | |
> | 无使用价值颗粒 | 不允许有 ||| |

2.2.2 安全卫生性

安全卫生性是指对商品在生产、流通尤其是在使用过程中保证人身安全与健康以及环境不受污染、不造成公害的要求，这是评价商品质量的一个重要指标。商品都应具有保障使用者人身安全与健康的质量特性。例如：食品应不含有毒物质，必须符合卫生要求；家用电器必须有良好的绝缘性和防护装置，以免使用者触电。确保商品的安全卫生，每个生产厂商都不容忽视。

商品的安全卫生性除包括对商品使用者的安全卫生保障之外，按照现代观念考虑，还应包括不给第三者的人身安全、健康，即社会和人类的生存环境造成危害，如空气污染，水源污染以及噪声、辐射、废弃物等现代化社会问题。在现代社会中，有关安全卫生的社会要求正愈来愈受到人们的重视，环境保护已成为当今社会的一大主题。

2.2.3 审美性

审美性是指商品能够满足人们审美需要的属性。商品审美价值包括两方面的因素：一方面是商品的物质形式客观存在的美。这种形式上的美包括三个方面：材质美、色彩美、形体美。像木制家具表面上的天然纹路，玻璃器皿晶莹剔透的质感，竹、藤、麦秆等材料制作的商品呈现出质朴自然的特性，还有商品材质所呈现的自然色彩，以及商品表面装饰的图案和立体造型等，这些都体现着商品物质形式的美。另一方面是商品带给消费者的精神感受。现代社会中，人们不仅要求商品实用，而且还要求商品能给人以美的享受，体现人们的自身价值。这就要求商品具有物质方面的实用价值与精神方面的审美价值的高度统一，要求商品既实用又美观（见图2-1和图2-2）。如今，商品的审美性已成为提高企业商品竞争能力的重要手段之一。

图2-1　瓷器之美　　　　　图2-2　传统服装之美

📖 **拓展阅读**

走进非遗——景泰蓝掐丝珐琅的传奇之美

景泰蓝也称为"铜胎掐丝珐琅",俗名"珐蓝",又称"嵌珐琅",是我国的著名特种金属工艺品类之一,2006年被列入国家级非物质文化遗产名录。

景泰蓝起源于元朝,成熟于明景泰年间,使用的珐琅釉多以蓝色为主,故而得名"景泰蓝"。景泰蓝制品造型典雅高贵,色彩鲜艳夺目,图案独特,具有宫廷艺术的特点,它集历史、文化、艺术和传统工艺于一身,给人以"圆润结实、金光灿烂"的艺术感受,具有独特的民族艺术风格和深刻的文化内涵。曾多次参加国内外重要展览,为祖国赢得荣誉,经常被作为国礼馈赠外宾。

2.2.4 耐用性

任何商品都具有一定的寿命,即商品的耐用程度。不同的商品其寿命的表示方法和内容不太相同。有些商品,它们的寿命主要是指储存寿命,即在规定条件下其使用性能不失效的储存总时间。例如,食品的保质期、医药商品和化妆品的有效期等。但对于大多数工业商品,其寿命是指使用寿命,即该商品在规定的使用条件下,保持正常使用性能的工作总时间,它体现了商品能按规定用途正常工作的时间性的质量特性,如电灯泡的连续照明时间、电池的连续放电时间等。

课堂训练

请将下列商品与保质期正确连线。

鲜果蔬	18～24个月
酸奶	3～5年
酱油	90～180天
药品	21天
啤酒	2～7天

2.2.5 经济性

对于消费者来说,总是希望商品的质量特性最好,而其价格又要最低,同时其使用、维护成本也要最低,这是一个理想标准。在实际生活中,商品的质量和价格及使用维护费要满足一个合理的配比,既经济又实惠,这就是商品的经济性。

2.2.6 信息性

信息性是指应为消费者提供的关于商品的有用信息，主要包括：商品名称、用途、规格、型号、重量、原材料或成分、生产厂名、厂址、生产日期、保质期或有效期、商标、质量检验标志、生产许可证、卫生许可证、储存条件、安装使用方法、维护方法和注意事项、安全警告、售后服务等内容。这些信息的提供有利于消费者了解商品、比较选购、正确使用、合理维护和安全储存商品，并能使消费者在其权益受到侵害时，进行自我保护。

📖 新规速览 ▶

《牙膏备案资料管理规定》实施

2023年，国家药品监督管理局发布《牙膏备案资料管理规定》（以下简称《规定》），细化了牙膏备案各项资料要求，进一步规范牙膏备案管理工作，指导牙膏备案人提交备案资料。该规定于2023年12月1日起施行。根据《规定》，牙膏备案人进行备案时，应当提交备案人的名称、地址、联系方式，生产企业的名称、地址、联系方式，产品名称信息、配方、执行的标准、标签样稿、检验报告、安全评估资料。同时，《规定》细化了牙膏备案信息要求，并基于安全考量，对各项资料提出了技术性要求，并规定牙膏的功效宣称应有充分的科学依据，禁止标注明示或暗示具有医疗作用的内容，对添加氟化物的非儿童牙膏〔儿童牙膏是指宣称适用于年龄在12岁以下（含12岁）儿童的牙膏〕应当标注"本产品不适用于儿童"等。

《牙膏备案资料管理规定》自12月1日起施行。其中规定牙膏的功效宣称应有充分的科学依据，禁止标注明示或暗示具有医疗作用的内容，对添加氟化物的非儿童牙膏应当标注"本产品不适用于儿童"等。

2.3 影响商品质量的主要因素

商品质量受很多因素影响，并且贯穿于商品生产、流通和使用的全过程。

2.3.1 生产过程中影响商品质量的因素

商品质量的产生、形成与商品的生产过程密切相关，生产过程是影响商品质量的根本因素。对于工业商品来说，影响商品质量的生产环节包括产品的开发设计、原材料质量、生产工艺和设备、质量控制、成品包装及检验等。

> 微课 4
> 影响商品质量的主要因素

1. 产品的开发设计

在商品质量形成过程中，产品的设计质量具有决定性的意义。设计质量高，才有可能生产出高质量的商品，如果产品在设计时存在某些本质性质量缺陷，就不可能生产出高质量的商品。如电风扇的风量、冰箱的制冷量、电视机的清晰度、汽车的动力性都是由开发设计质量所决定的。

学习探究

想一想你身边有哪些商品是因为设计不合理导致商品质量不合格的情况。

拓展阅读

绍兴羊山攀岩中心设计理念

2023 年第 19 届亚运会在中国浙江杭州举行。古语有云"上有天堂，下有苏杭"，杭州早已蜚声海内外。此次亚运会推动了社会和经济发展，促进了杭州基础设施建设，为打造"数智杭州"提供助力，极大地提升了杭州乃至浙江省的国际知名度，是亚洲乃至世界对中华五千年文明史的又一次实地巡礼和现场观摩。

此次亚运会主场馆及其他场馆建设风格突出，各具特色，位于绍兴柯桥的羊山攀岩中心设计尤为独特，是杭州亚运会唯一获得建筑特色奖的场馆，也是国际上第一座赛事功能完备、永久性的攀岩比赛场馆。

从外形上看，攀岩馆像极了一个巨大的、镂空的蚕茧，由超高性能混凝土编织成曲折的"蚕茧"，类似于拼图一样拼接而成。远看有纺织面料的灵动飘逸，近看是运动员攀岩而上的美学线条。这个设计理念源于江南水乡的丝绸文化符号，传达了杭州亚运会的地域特色，也体现了绍兴柯桥作为中国轻纺城的产业特点，蕴含着攀岩运动员破茧而出的美好祝愿。夜晚，五彩灯光透过镂空的蚕丝美轮美奂。

绍兴羊山攀岩中心

每当举行颁奖仪式时，国旗冉冉升起，无论是运动员还是观众，不仅能感受到比赛的激情，还能看到背后起伏的青山。半开放的设计通过借景的手法引入羊山石城原始风景，与周围环境融合得相得益彰，真正做到运动和自然完美融合。

2. 原材料质量

原材料是构成商品的物质基础，其质量是决定商品质量的重要因素。不同原材料生产出的商品，在性能、质量、品种上就会不同，这主要是因为不同原材料在成分、性质、结构等方面的差异引起的。因此，在其他生产条件相同的情况下，原材料质量的优劣直接影响着制成品的质量和等级。

例如，纺织产品中的服装、床上用品等，其原材料包括棉花、羊毛、丝绸、聚酯纤维等，原材料的质量决定了纺织品的手感、透气性、吸湿性、色牢度和抗皱性。又如，电子产品中手机、计算机等，其原材料包括各种金属、塑料、半导体等。这些材料的质量直接影响到产品的性能、稳定性和寿命。使用高质量的半导体材料可以确保电子元件的高效运行和长期稳定，而低质量的材料可能导致产品容易出现故障或寿命缩短。建筑用的水泥、钢材、木材等，其质量直接关系到建筑物的安全性和耐久性。高质量的水泥可以提高混凝土的强度和耐候性，而低质量的水泥可能导致混凝土结构脆弱、容易开裂。

企业案例

优质的原材料成就高品质茅台酒

在我国悠久的酿酒历史中，茅台酒以其卓越的品质和独特的风味被誉为国酒，成为中国白酒文化的瑰宝。作为酱香型白酒的代表，茅台不仅仅是一种饮料，更是中华民族非物质文化遗产的一部分，承载着丰富的文化内涵和精湛的工匠精神。茅台酒之所以名扬中外，和它独特的酱香口感密不可分，而原材料的选取更是优中选优。

茅台酒选用的是高品质的红缨子高粱，此种高粱颗粒坚实、饱满、均匀、粒小皮厚，支链淀粉含量达88%以上，其截面呈玻璃质地状，十分有利于茅台酒工艺的多轮次翻烤，使茅台酒每一轮的营养消耗在合理范围之内。茅台酒用的高粱皮厚，并富含2%~2.5%的单宁，通过茅台工艺发酵使其在发酵过程中形成儿茶酸、香草醛、阿魏酸等茅台酒香味的前体物质，最后形成茅台酒特殊的芳香化合物和多酚类物质等。同时，茅台镇特有的自然环境也为茅台酒的独特风味提供了得天独厚的条件。赤水河的清澈水源、独特的气候和微生物环境，都是茅台酒不可复制的天然优势。

> 行业动态

新质生产力视角下高精尖产业的发展：新材料产业

2024年3月5日，习近平总书记在参加十四届全国人大二次会议江苏代表团审议时强调，要牢牢把握高质量发展这个首要任务，因地制宜发展新质生产力。新质生产力具有高科技、高效能、高质量特征，创新起主导作用，是符合新发展理念的先进生产力质态。

新材料是新型工业化的重要支撑，是国家大力发展的战略性新兴产业之一，也是加快发展新质生产力、扎实推进高质量发展的重要产业方向。目前，我国一批重大关键材料研制取得突破。

在山东省鲁南高科技化工园某厂区内，一道道工艺将甲醇原料变成用于太阳能电池封装的材料，广泛应用于光伏胶膜、生物可降解餐盒、农膜、深海养殖渔网等领域；在西藏阿里地区改则县拉果错盐湖畔生产基地，国内首创的"钛系吸附+膜法耦合"提锂技术工艺流程于2023年成功打通，首批电池级单水氢氧化锂中试产品顺利生产；在北京材料基因工程高精尖创新中心，正致力于打造面向前沿的共性技术平台，在高效电池材料、光电材料、高熵合金、高温合金、轻量化高强度钢、高强韧铝合金等几类关键材料上开展示范应用。

我国新材料产业正在向发展加速期迈进，产业规模不断扩大，我国已成为名副其实的材料大国。2022年，我国新材料产业总产值达到约6.8万亿元。涵盖金属、高分子、陶瓷等结构与功能材料的研发和生产体系已经建成，有色金属、化学纤维、先进储能材料、光伏材料、有机硅、超硬材料、特种不锈钢等百余种材料产量位居全球前列。

科技创新能够催生新产业、新模式、新动能，是发展新质生产力的核心要素。在新材料领域，物联网、人工智能、高性能计算等技术的飞速发展，以及新型感知技术和自动化技术的应用下，新质生产力的发展必将推进中国式现代化建设。

3. 生产工艺和设备

生产工艺是形成商品质量的关键。商品的有用性及其外形的结构等都是在生产过程中形成和固定下来的，因此，生产工艺对商品质量也具有决定性的作用。同样的原材料在不同的工艺路线下可形成不同的商品品种和质量。例如：机器压制的玻璃杯和人工吹制的玻璃杯在厚度、透明度、耐温急变性等方面就有所不同；机械化生产的皮鞋和人工制造的皮鞋在质量上也有很大差异。科学技术的发展和革新可以使商品质量发生质的飞跃，这种变化很多情况下是通过生产工艺的改进来实现的。

> **行业动态**

智享科技——新工艺和新设备助力科技生产

新工艺和新设备在提高生产效率、减少能源消耗、降低生产成本以及提升产品质量方面具有显著优势。

自动化机器人：在制造业中，自动化机器人的使用越来越普遍，它们可以执行重复性高、危险或对精度要求极高的任务，显著提升了生产效率。

3D打印机：3D打印技术在原型制作、复杂零件生产和定制产品制造方面展现出巨大潜力，它能够减少材料浪费并缩短生产周期。

物联网+农业设备：现代农业设备结合物联网技术，可以实现农作物的精准种植和管理，提高农业生产效率和作物质量。

高性能医疗设备：医疗领域的生产设备也在迅速更新，如高精度医疗成像设备、微创手术机器人等，它们提高了医疗服务的质量和安全性。

智能车间

4. 质量控制

质量控制是在商品生产阶段保证商品质量的一系列重要措施，是指从原材料到制成品整个制造过程对质量的控制，包括原材料质量控制、设备和工具的质量控制、工艺条件和工作质量控制等。

5. 成品包装及检验

成品包装是商品生产的继续，同时也是商品生产的最后一道工序。包装质量也是构成商品质量的重要因素，成品包装可以减少和防止外界对商品内在质量的影响，并能装饰、美化商品，便于商品的储运、销售和使用，甚至还可以增加商品的价值。例如：玻璃包装的化学稳定性好，不易与内装物发生反应；透明度好，可以在原料中添加铁、钴、铬等着色剂，生产出多种颜色的玻璃瓶；耐热性好且不易变形；抗压强度大，耐内压；密度大，有重量感，阻隔性、卫生性与保存性好，易于密封，开封后可再度紧封等，是绿色环保包装，以上种种好处均可以有效地保护商品的质量。

成品检验是根据成品质量标准判断成品及其包装质量是否合格的工作，这是商品由生产阶段进入储运流通阶段的一个关键环节。检验合格的成品进入流通环节，不合格的成品返回生产环节进行返修，这对于提高成品合格率、降低生产成本具有重要意义。

2.3.2　流通过程中影响商品质量的因素

商品从生产领域进入流通领域，在运输、储存、批发、销售等每一环节中，都能引起商品质量的变化。

1. 运输装卸

商品进入流通领域，运输是商品流转的必要条件。运输对商品质量的影响与运程的远近、时间的长短、运输的气候条件、运输路线、运输方式、运输工具、装卸工具等因素有关。

商品在铁路、公路、水路、航空运输过程中，会受到冲击、挤压、颠簸、振动等物理机械作用的影响，也会受到温度、湿度、风吹、日晒、雨淋等气候条件的影响。商品在装卸过程中还会发生碰撞、跌落、破碎、散失等问题，这不但会增加商品损耗，也会降低商品质量。

2. 仓库储存

商品储存是指商品脱离生产领域，尚未进入消费领域之前的存放。仓库储存是商业企业收储待销商品的必要环节。商品储存期间的质量变化与商品的特性、仓库内外环境条件、储存场所的适宜性、养护技术与措施、储存期的长短等因素有关。

3. 销售服务

销售服务过程中的进货验收、入库短期存放、商品陈列、提货搬运、装配调试、包装服务、送货服务、技术咨询、维修和退换服务等项工作质量是最终影响消费者所购商品质量的因素。商品良好的售前、售中、售后服务质量已逐渐被消费者视为商品质量的重要组成部分。

2.3.3　使用过程中影响商品质量的因素

商品在使用过程中，商品的使用范围和条件、商品的使用方法和维护保养，甚至商品使用后的废弃处理等对商品质量也有一定的影响。

1. 使用范围和条件

商品都有一定的使用范围和使用条件，使用中只有遵从其使用范围和条件，才能发挥商品的正常功能。例如，家用电器的电源要区别交流、直流和所需要的电压值，否则不但不能正常运转，还会损坏商品；再比如说体温计，必须在规定的温度35～42℃范围之内使用，超过其范围也会使商品损坏。

2. 使用方法和维护保养

为了保证商品质量和延长商品的使用寿命，消费者在使用中应了解该种商品的结构、性能特点，掌握正确的使用方法，具备一定的日常维护保养商品的知识。例如：皮革服装穿用时要避免被锐利之物划破或重度摩擦，且不能接触油污、酸性或碱性物质以及雨雪等；收藏保管时宜放于干燥处，悬挂起来，切勿用皮鞋油擦拭，以防止生霉、压瘪起皱以及泛色。

3. 废弃处理

商品使用完以后，其残体和包装作为废弃物被排放到自然环境中，有些可回收利用，有些则不能或不值得回收利用，也不易被自然条件和微生物破坏分解，成为垃圾充斥于自然界的各个角落；还有些废弃物会对自然环境造成污染，破坏生态平衡，如加磷洗涤剂等，这些因素最终都会影响商品质量。

商品质量是企业的生命，是消费者最关注的焦点。商品质量关系到商品的使用效能，关系到买卖双方利益的实现程度，还关系到商品的信誉、企业和国家的形象。因此，企业应把"以质取胜"作为发展的基本战略，要靠质量和信誉赢得市场，在消费者心中树立一个诚信形象。

> **学习探究**
>
> 以下三种商品的质量可能会受哪些因素影响？
>
> | 商品名称 | 影响因素 |
> | --- | --- |
> | 矿泉水 | |
> | 篮球 | |
> | 台式计算机 | |

2.4 商品质量管理

2.4.1 商品质量管理的概念

商品质量管理是指对确定和达到商品质量要求所必需的职能和活动的管理，也是为保证和提高商品质量或工作质量所进行的质量调整、计划、协调、控制、信息反馈等各项工作的总称。

2.4.2 商品质量管理的内容

商品质量管理通常包括制定质量方针和质量目标，以及质量策划、质量控制、质量保证和质量改进等活动。商品质量管理涉及企业的各个方面，是否有效实施质量管理关系到企业的生存与发展。

1. 质量方针

质量方针是指由企业的最高领导者正式发布的该企业总的质量宗旨和质量方向。质量方针是企业经营总方针的组成部分，是企业管理对质量的指导思想和承诺，反映企业的质量经营目标和质量文化。从一定意义上说，质量方针就是企业的质量管理理念。

制定质量方针应该与企业的总体经营宗旨相适应，质量方针应包括对满足顾客要求和持续改进质量体系有效性的承诺，应提供制定和评审质量目标的框架，在企业内部得到沟通和理解，在持续适宜性方面得到评审。

2. 质量目标

质量目标是根据质量方针的要求，企业在一定期间内所要达到的预期效果，即能够达到的量化的可测量目标。质量目标是企业目标体系中的组成部分，它应力求可测量，以便统一领导层的思想，成为激励职工的动力，有利于日常的考核和评定，促进目标的实现。制定质量目标的原则应是持续改进、提高质量、使顾客满意。不仅要考虑市场当前和未来的需要，还应考虑当前的产品和顾客满意的状况。

质量目标的制定应与质量方针保持一致，应包括产品要求以及满足产品要求所需的其他内容（如资源、过程、文件和活动等），此外还应考虑相关方的要求、市场变化、竞争对手的情况、自我评价的结果和所需的资源。同时，质量目标还应是可量化的、可以测量的，并应进行细化分解和落实。

> **企业案例**
>
> **扬子江药业集团的"质量月"活动**
>
> 扬子江药业集团（以下简称"扬子江"）龙凤堂中药展览馆中，两张被翻拍的黑板报照片，记录着20世纪90年代，扬子江"质量月"活动的发轫之始。黑板上的粉笔字迹多已模糊不清，唯有"质量"二字依旧清晰可见。自1994年首次开展"质量月"活动起，"质量月"活动便一直伴随着扬子江的发展。截至2023年9月，扬子江"质量月"活动已连续举办50次，成为其质量文化中最鲜明的特色元素之一。
>
> 随着我国经济进入高质量发展阶段，扬子江对质量内涵的认识也进一步升华，由过去侧重于产品和服务质量，拓展到生态环保、品牌建设、职业健康安全等范畴，大质量意识日益增强。近几年，扬子江对质量内涵的理解不断迭代升级，但"质量第一"的方针始终不变，质量无处不在的认识不变，以质量求生存、求发展的原则不变。"生产常怀敬畏意，质检临渊复履冰。"扬子江以先进的观念、严谨的行为、坚持的品格书写着对"质量"二字的坚持。

3. 质量策划

质量策划是质量管理的一部分，它致力于制定质量目标并规定必要的运行过程和相关资源以实现质量目标。质量策划与质量计划不同，质量策划强调的是一系列活动，而质量计划是质量策划的结果之一，是规定用于某一产品及其设计、采购、生产、检验、包装、运输等过程的质量管理体系要素和资源的文件。

企业在确定了质量目标后，必须考虑为达到目标应采取什么措施（必要的作业过程）和提供哪些必要的条件（包括人员和设备等资源），并把相应活动的职责落实到部门或岗位，这些活动都是质量策划活动。企业要在市场竞争中处于优胜地位，就必须根据市场信息、顾客反馈的意见、国内外发展的动向等因素，确定研制什么样的产品、应具有什么样的性能应达到什么样的水平，提出明确的目标和措施计划，作为进一步开发这项工作的依据，这也属于质量策划活动范畴。

4. 质量控制

质量控制是一个设定标准，根据质量要求测量结果，判断是否达到预期要求，对质量问题采取措施进行补救并防止再发生的过程。质量控制的范围涉及产品质量形成全过程的各个环节，不论哪一个环节的工作不符合要求，都会影响产品质量，而不能满足要求。为了保证产品质量，各项活动必须在受控状态下进行。

质量控制是动态的。由于质量要求随着时间的推移而不断变化，为了满足新的质量要求，对质量控制又提出了新的任务，因此，企业应不断提高技术水平、工艺水平、检测水平，并不断研究新的控制方法以满足更新的质量要求。

企业案例

海尔铁锤，砸醒质量意识

1985年青岛（海尔）电冰箱总厂厂长张瑞敏收到一位用户的反馈：工厂生产的电冰箱有质量问题。于是他突击检查了仓库，发现仓库中不合格的冰箱共有76台，便抡起铁锤砸毁了全部不合格冰箱。这把铁锤唤醒了海尔人的质量意识，对海尔今天走向世界，立下了汗马功劳。这把铁锤，于2010年被中国国家博物馆正式收藏为国家文物。

国家博物馆收藏的海尔"铁锤"

5. 质量保证

质量保证是指为使人们确信某一产品、过程或服务的质量所必需的全部有计划、有组织的活动；也可以说是为了提供信任表明实体能够满足质量要求，而在质量体系中实施并根据需要进行证实的全部有计划和有系统的活动。

保证质量是质量控制的任务，质量保证的内涵已不再是单纯地为了保证质量，质量保证是以保证质量为基础，进一步引导到提供"信任"这一基本目标。要使顾客（或第三方）能"信任"，企业首先应加强质量管理，完善质量管理体系，对产品有一套完整的质量控制方案、办法，并认真贯彻执行，对实施过程和结果进行分阶段验证，以确保其有效性。在此基础上，企业应有计划、有步骤地开展各种活动，使消费者了解企业的实力、业绩、管理水平、技术水平以及在产品设计、生产等各阶段的主要质量控制活动和内部质量保证活动的有效性，从而建立信心，相信企业提供的产品能达到所规定的质量要求。

6. 质量改进

质量改进致力于增强满足质量要求的能力。当质量改进是渐进的并且企业积极寻求改进机会时，通常使用术语"持续质量改进"。质量改进是企业长期的坚持不懈的奋斗目标。

质量改进是企业为更好地满足顾客不断变化的需求和期望，而改善产品的特性和（或）提高用于生产和交付产品的过程的有效性和效率的活动。它包括确定、测量和分析现状，建立改进目标，寻求可能的解决方法，评价这些解决办法，实施选定的解决办法，测量、验证和分析实施的结果，将更改纳入文件。

企业案例

厦航的质量文化

质量是企业长盛不衰的生命线。厦门航空有限公司（简称"厦航"）坚持以质量保安全、以质量抓服务、以质量强管理，形成了强烈的质量意识，树立了"以安全求生存、以优质求发展"的质量理念和发展战略；同时还形成了"全员为旅客服务"的大服务意识，做到领导为员工服务、机关为一线服务、地面为空中服务、全员为旅客服务，建立了"自我发现、自我评价、自我改进、自我完善"的全流程质量管理体系。

厦航以"家"文化、师徒文化、"双三基"班组文化来成就企业"质量文化"，使员工用真心、真情服务旅客，自觉将"诚信、坚毅、和谐、精进"的企业价值观落到实处；厦航以"自主经营、自我管理、自我激励、自我提升"的机制构建企业质量运行机制，秉承"帮助更多的人行走天下"的企业使命，发扬"以人为本、安全诚信、奋斗自强、敢为人先、追求卓越"的"新时代厦航精神"，全力打造"绩效卓越、行稳致远"的"百年厦航"。

2.4.3 全面质量管理

20世纪50年代末，"全面质量管理"的概念被提出，认为"全面质量管理是为了能够在最经济的水平上，并考虑到充分满足顾客要求的条件下进行生产和提供服务，把企业各部门研制质量、维持质量和提高质量的活动构成为一体的一种有效体系"。20世纪60年代初，美国一些企业根据行为管理科学的理论，在企业的质量管理中开展了依靠职工"自我控制"的"无缺陷运动"，日本在工业企业中开展质量管理小组活动，使全面质量管理活动迅速发展起来。

全面质量管理（TQM）是指一个组织以质量为中心，以全员参与为基础，目的在于通过顾客满意和本组织所有成员及社会受益而达到长期成功的一种途径。TQM的目标始终将顾客摆在第一位，力求最大限度地让顾客满意，因此，TQM的任务都是围绕满足顾客需求、获取最大利益这个中心而展开。TQM的任务主要包括：生产出顾客所需的产品，以顾客认为合理的价格销售产品并获取利润，保证必要的生产数量，以及为顾客提供必要而及时的服务等。

1. 生产出适合顾客所需质量的产品

全面质量管理在以"客户第一、顾客第一"为目标的基础上，逐步延伸出创造客户价值的质量管理理念。在这种理念指导下，企业必须生产出适合顾客所需质量的产品。因此，产品的质量标准并不是越高越好，而是要能够适合顾客的需求。例如，即使生产出来的袜子能够穿20年，也没有顾客愿意穿同样的袜子这么久。

2. 以顾客认为合理的价格销售产品并获取必要的利润

全面质量管理要求最大限度地降低产品的生产成本，以顾客认为合理或可以接受的价格销售产品，并要保证企业自身能够获得必要的利润。如果企业没有质量成本的概念，仅仅是为了生产更高质量的产品或者完全为了满足顾客的需求，结果导致产品成本急剧上升，以至于顾客无法接受产品的价格，那么，这样的生产活动和质量活动是没有意义的。

3. 保证必要的生产数量

全面质量管理的第三个重要任务是企业必须保证必要的生产数量，这是现代经济中十分重要的要素之一。只有达到了一定的经济规模，产品的生产成本才能较大幅度地下降，顾客才能够不断地获得价格和质量都令人满意的产品。

4. 在顾客需要时，及时提供必要的服务

在全面质量管理过程中提出了全过程的概念，这个全过程也包括产品的售后服务。全面质量管理要求企业能够做到在顾客需要的时候为顾客提供及时的服务，售后服务由此成为产品质量不可或缺的一部分。因此，我们在理解全面质量管理目标的时候，要牢记以顾客为中心，尽可能地让顾客感到满意。

知识与技能训练

知识小测

一、名词解释

1. 商品质量
2. 商品质量管理
3. 全面质量管理

二、不定项选择题

1. 下列属于狭义的商品质量的有（　　）。

   A. 商品外观　　　　　　B. 商品气味
   C. 商品设计质量　　　　D. 商品包装质量

2. 商品质量的基本要求是（　　）。

   A. 适用性　　　　　　　B. 安全卫生性
   C. 审美性　　　　　　　D. 耐用性

三、判断题

1. 商品质量是指商品满足规定或潜在需求的特征和特性的总和。（　　）
2. 广义的商品质量是在狭义的商品质量基础上添加了商品的社会性、经济性和时代性等因素。（　　）
3. 商品的审美性只表现为商品的材质美。（　　）
4. 了解商品的相关信息有利于帮助消费者进行自我保护。（　　）
5. 质量控制属于使用过程中影响商品质量的因素。（　　）

案例分析

北京同仁堂的坚守与传承

北京同仁堂是久负盛名的老药铺,创建于公元1669年,至今已有350多年的历史,是中药行业闻名遐迩的老字号。北京同仁堂最显著的特色是"配方独特、选料上乘、工艺精湛、疗效显著"这也是历代同仁堂人对药品质量的郑重承诺和不懈追求。

如今,在同仁堂的各处门店中,都供奉着这样一副对联:炮制虽繁必不敢省人工,品味虽贵必不敢减物力。这个训条已经成为历代同仁堂人的制药原则和精神信条。

同仁堂把"同修仁德、亲和敬业、共献仁术、济世养生"作为堂训和企业精神,始终坚持传统的制药特色,其产品以质量优良、疗效显著而闻名海内外。

阅读案例回答问题:
1. 你如何理解这副对联的含义?
2. 这副对联对北京同仁堂有何深远的意义?

技能训练

商品质量鉴别

一、训练内容

结合本章学习的内容,根据商品质量的基本要求和影响商品质量的因素,对生活中常见商品进行质量鉴别。

二、训练目的

1. 能进一步了解商品质量的重要性。
2. 能归纳总结简单的商品质量鉴别方法。
3. 能选用恰当的检验方法鉴别商品质量。
4. 能清晰表达出商品质量鉴别结果。

三、训练指导

1. 布置任务:将教学班学生按3~5人的标准划分成若干个任务小组,以小组的方式完成任务。

2. 任务要求：各任务小组借助平时积累的生活经验或查询资料，结合本章所学内容，对食品、纺织、日用百货类产品进行质量鉴别。

3. 课堂陈述：各任务小组成员总结并汇报鉴别结果。

4. 评价效果：各小组代表陈述后，指导老师点评该次技能训练的情况，并给予相应的表扬与奖励。

岗位实战

借助手机App设计一款精美的作品。

要求：

1. 设计前需查阅书籍、上网查找相关基础资料。
2. 作品要有时代含义，且能满足大众审美要求。
3. 可独立或以小组为单位完成一项或多项设计。
4. 要能准确、简明阐述设计理念及作品含义。

App软件	简介
与子同袍	一款汉服设计App，可以用来查阅汉服文化知识、了解汉服样式及图案、设计原创作品
锦色	一款国风绘本填色App，图文充满了中国元素，颜色极具中国风采，只需要在图纸上填色涂鸦就可以描绘出一幅精美的国风佳作
釉彩	一款DIY陶艺制品的App，能了解瓷器的发展历程以及代表作品，亲身体验设计瓷器创作全过程

第 3 章　商品分类与编码

学习目标

知识目标
- 能叙述商品分类的概念和方法
- 能准确判断商品代码的类型

能力目标
- 会正确选择商品分类标志
- 会根据已知信息为商品科学编码
- 会检验EAN-13条码校验码的正确与否

素养目标
- 形成做事认真细致、踏实奋进的工作态度

学习导图

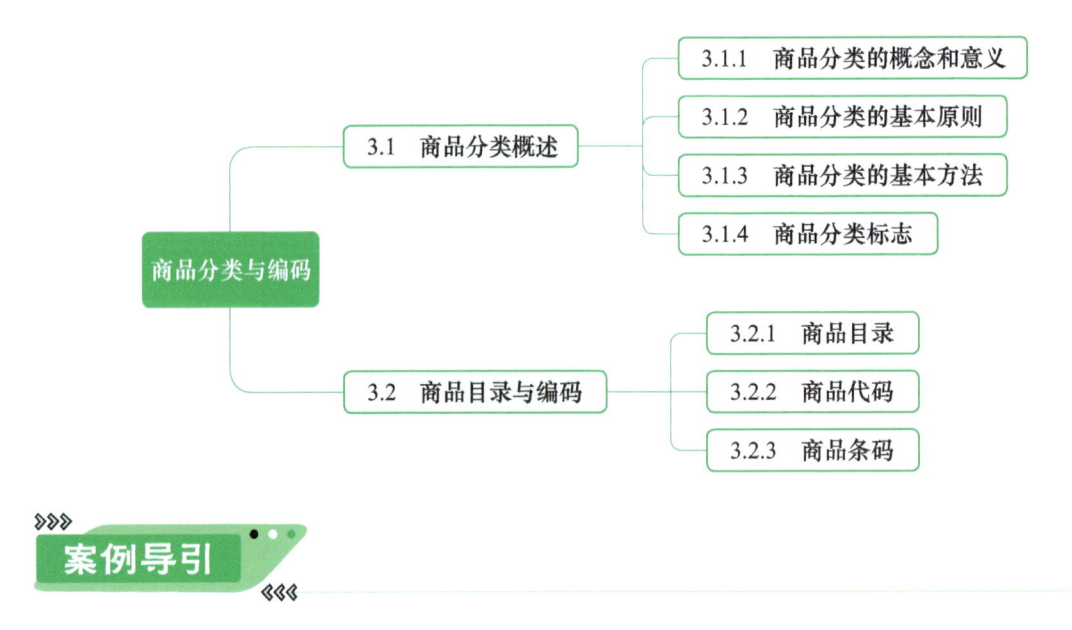

商品分类与编码
- 3.1 商品分类概述
  - 3.1.1 商品分类的概念和意义
  - 3.1.2 商品分类的基本原则
  - 3.1.3 商品分类的基本方法
  - 3.1.4 商品分类标志
- 3.2 商品目录与编码
  - 3.2.1 商品目录
  - 3.2.2 商品代码
  - 3.2.3 商品条码

案例导引

小条码、大智慧：洞悉市场动态的秘诀

如今，一件件商品通过扫描条码支付，走进了千家万户。生活中，人们在商品包装上看到的一组规则排列的黑白条纹及对应的数字就是商品条码。商品条码是商品唯一的身份标识，是商品在市场流通的"身份证"和"通行证"。然而就是这个小小的条码，却能洞悉市场动态、透视行业发展动向。

1."小条码"折射消费复苏

企业每申报一种商品条码数据就标志着新款商品问世。国家市场监督管理总局中国物品编码中心发布的数据显示，2024年第一季度，我国登记使用商品条码的消费品新增413.0万种，同比增长9.5%，消费品品种总量达19615.7万种，保持世界领先。该数据折射出国内经济回暖、市场消费复苏的喜人景象。

2."小条码"显露供给活力

据统计，截至2024年3月底，我国商品条码企业用户累计超过120万家，连续多年居全球领先位置。跟踪"小条码"，可以观察不同地区的商品供给情况。从地域分布看，2024年一季度东部、中部、西部、东北地区分别新增消费品338.9万种、35.9万种、27.7万种和10.5万种，其中东部地区占全国总量的82.1%，同比增长8.3%，展现了东部地区作为我国制造业重要区域，消费品供给韧性显著增强，对稳定全国消费品市场发挥了重要支撑作用。

3."小条码"透视行业动向

从类别增长情况看，一季度登记使用商品条码消费品的41大类中，有27类实现正增长，增长面达到65.9%。新增数量排位前五的分别为服装、食品/饮料和烟草、医疗保健产品、鞋类及美容/个人护理和卫生用品。与此同时，随着视频直播行业的快速发展，视听和摄影用品的需求增长快速。这些数据显示出与居民生活密切相关的消费品供给水平加速提升，更好地满足着人民美好生活的需要。

案例启示：商品条码数据是市场消费走向的"晴雨表"。庞大的商品条码企业用户量和翔实有效的商品基础数据，将为我国产业高质量发展提供动能，为我国新的经济增长点的培育提供助力。

基础知识

3.1 商品分类概述

随着现代社会人们生活质量的迅速提高，日益增长的消费需求正以前所未有的速度、节奏催生着新科技成果、新产品和新产业的涌现。科技成果物化为一代又一代的新商品，既加速了商品的升级换代，又使商品种类在数量上获得惊人的增长。但商品种类的繁多，却给我们从微观到宏观进行商品研究，特别是管理带来了极大的困难。商品分类就是为解决这一问题而产生、发展起来的。

3.1.1 商品分类的概念和意义

商品分类是指根据一定目的，为满足商品生产、流通、经济管理及人们生活等需要，选择适当的分类标志或特征，将商品集合总体科学地、系统地逐层级划分，直至最小单元的过程。根据国家标准《国民经济行业分类》（GB/T 4754—2017），通常将商品划分成门类、大类、中类、小类等。

门类是按国民经济行业共性对商品进行总的分门别类，属于最高类别，按照现行的《国民经济行业分类》标准，我国商品分成了20个门类，如农林牧渔业、采矿业、制造业和建筑业等。

大类是按商品生产和流通中的行业来划分的，是在门类基础上的进一步划分，如农林牧渔业可进一步划分成农业、林业、畜牧业、渔业、农林牧渔专业及辅助性活动5个大类。

中类是对大类的进一步细分，它较具体地描述了某一大类下的经济活动或商品类型。例如，在农业大类下可以划分成谷物种植，豆类、油料和薯类种植，棉、麻、糖、烟草种植，蔬菜、食用菌及园艺作物种植和水果种植等多个中类。

小类是中类下更具体的细分，它通常用于描述更为具体和详细的经济活动或商品类型。在行业分类或商品分类中，小类有助于进一步明确和区分类似但不同的产品或服务。例如，在谷物种植中类下可划分成稻谷种植、小麦种植、玉米种植和其他谷物种植4个小类。

通过商品分类，可以将成千上万种商品在生产、交换、流通中，应用科学的方法进行条理化、系统化，以实现商品使用的合理化和流通管理的现代化。因此，商品分类对发展生产、促进流通、满足消费、提高现代管理水平等有着重要作用。

> **课堂训练**
>
> 请同学们浏览天猫商城、京东、唯品会等网购平台的首页，看一看其商品是如何分类的。

目前，商品的品种还在不断地增加，其特征各异、价值悬殊，因此，对其性能、用途和储运要求也各不相同。随着科学技术的进步和商品经济的不断发展，商品品种日趋增多，商品分类的作用也越来越大。

1. 为经济管理现代化奠定科学基础和前提条件

商品科学分类为国民经济各部分和各企业实施各项管理活动及实现经济管理现代化奠定了科学基础。只有将商品进行科学的分类、统一商品用语，才能使商品生产、收购、调拨、运输、储存、养护、销售各环节中的计划、统计、核算等工作顺利进行，使各类指标、统计数据和商品信息具有可比性和实际意义。

2. 有利于商品标准化的实施和商品质量标准的制定

通过科学的商品分类，可使商品的名称和类别统一化、标准化，从而可以避免同一商品在不同部门由于名称、计量单位、口径范围不统一而造成困难，有利于发展国内外贸易及提高经济管理水平和扩大经济效益。

3. 有利于开展商品研究和教学工作

通过科学的商品分类，才能将研究的对象从每个商品的个性特征归结为每类商品的共性特征。掌握这类商品的共性特征，才能深入地分析类别商品的质量特征，为研究商品质量、品种及其变化规律，从而为商品质量的改进和提高、商品预测和新产品开发，以及商品包装、运输、保管、科学养护、检验、正确使用、质量保证等提供科学的依据。在教学中，按教学需要对商品进行科学分类，可以使讲授的知识系统化、专业化，便于学生理解和掌握。

4. 便于消费者和用户选购商品

只有通过科学的商品分类，才能使编制的商品目录有条理性和层次性，这样才能有秩序地安排市场供给和商场的合理布局，从而便于消费者和用户选购商品。

3.1.2 商品分类的基本原则

科学的商品分类是一项复杂而具有科学性的工作，为了得到一个科学合理而又适用的商品分类体系，对商品进行分类时需要遵循以下原则：

1. 科学性原则

商品分类的科学性原则是指在建立分类体系前，必须明确分类的目的及范围，选择分类对象最稳定的本质属性或特征作为分类的依据，统一分类对象的名称。要想做到分类科学应满足以下五点：①明确的目的性；②范围的确定性；③标志的合理性；④层次的适当性；⑤名称的统一性。

2. 系统性原则

系统性原则是指在建立商品分类体系时，以分类对象的稳定本质属性特征作为分类标志，将分类对象按一定的顺序排列，使每个分类对象在该序列中都占有一个位置，反映出它们彼此之间的联系。在分类时要做到：上下层次间有相容关系；同一层次并列单元之间有明确的区别；同一层次、同一单元内的商品应具有相同的特性；每种商品在分类体系中有且只能有一个位置，不能有上下交叉或平行交叉。

3. 可延性原则

可延性原则是指建立的商品分类体系能够满足不断出现的新商品的需要，留有足够的空间以便安置新出现的商品而又不打乱已建立的分类体系。

4. 兼容性原则

兼容性原则是指相关的各个分类体系之间应具有良好的对应与转换关系，满足各个分类体系之间信息交换及相互兼容的要求。在分类时要做到三点：①相关的分类体系之间应尽可能地建立对应关系和转换关系，如企业商品分类标准应尽量与国家标准一致，便于信息交换；②同一领域，上级的分类与下级的分类相协调，原则是下级的分类不能与上级的分类相矛盾、相违背；③建立新的分类体系，应尽可能考虑老体系使用多年形成的习惯，习惯性原则也是兼容性原则的一种表现。

5. 整体性原则

在建立商品分类体系时，要考虑管理系统的整体效益和整体的最优化，要求局部利益服从整体利益。

3.1.3　商品分类的基本方法

由于商品分类的对象不完全一致，分类的目的也各有所需，因此决定了商品分类的方法也是多种多样的。但归纳起来，通常采用的方法主要有线分类法和面分类法两种。

1. 线分类法

线分类法是一种传统的分类方法，在国内商品生产、流通领域和国际贸易中被广泛使用。线分类法也称层级分类法，是把拟分类的商品集合总体按照选定的属性或特征逐次地分成相应的若干层次类目的过程。上下层级间属于隶属关系，各层级的分类标志可以不同，但同层级的分类标志只能有一个，需要严格遵守分类标志选用的唯一性原则。

例如，《国民经济行业分类》（GB/T 4754—2017）的编写方法即为典型的线分类法，将国民经济行业划分为门类、大类、中类和小类四级。

知识拓展　　　　　《国民经济行业分类》（节选）

代码				类别名称	说明
门类	大类	中类	小类		
A				农、林、牧、渔业	本门类包括01～05大类
	01			农业	指对各种农作物的种植
		011		谷物种植	指以收获籽实为主的农作物的种植，包括稻谷、小麦、玉米等农作物的种植和作为饲料和工业原料的谷物的种植
			0111	稻谷种植	
			0112	小麦种植	
			0113	玉米种植	
			0119	其他谷物种植	
		012		豆类、油料和薯类种植	
			0121	豆类种植	
			0122	油料种植	
			0123	薯类种植	
		013		棉、麻、糖、烟草种植	
			0131	棉花种植	
			0132	麻类种植	
			0133	糖料种植	指用于制糖的甘蔗和甜菜的种植
			0134	烟草种植	
		014		蔬菜、食用菌及园艺作物种植	
			0141	蔬菜种植	
			0142	食用菌种植	
			0143	花卉种植	
			0149	其他园艺作物种植	
		015		水果种植	

线分类法具有信息容量大、层次清楚、逻辑性强、符合传统应用的习惯，既适用于手工操作，又便于计算机处理等优点。但采用线分类法一旦分类完成，其分类体系结构便不能再改动，因而弹性较差。所以，采用线分类法编制商品分类体系时，必须预先留有足够的后备容量。

2. 面分类法

面分类法是将拟分类的商品集合总体，根据其本身固有的属性或特征，分成相互之间没有隶属关系的面，每个面都包含一组类目，将某个面中的一个类目与另一个面的一个类目组合在一起，即组成一个符合类目的分类方法。一般都把面分类法作为线分类法的辅助，原因在于面分类法灵活方便、结构弹性好，适用于计算机处理。

在实践中，单独地使用一种分类方法满足不了使用者的需要，因此需要根据实际情况的需要，以一种分类方法（如线分类法）为主，另一种分类方法（如面分类法）作为补充，这样就能弥补分类方法间的缺陷了。

知识拓展

服装商品面分类法示例

服装面料	服装式样	服装款式
纯棉	男式	西装
纯毛	女式	夹克
丝绸	儿童	衬衫
涤棉	婴儿	连衣裙
皮革		大衣
		裤子
……		……

玻璃器皿面分类法示例

成型方法	装饰方法	用途
吹制品	喷花	食器
压制品	磨花	容器
自由制品	雕花	装饰

3.1.4 商品分类标志

商品分类标志的选择是商品分类的基础，是一项十分重要而细致的工作。商品分类可供选择的标志很多，如商品的用途、原

微课5
商品分类标志

材料、生产加工方法、化学成分、使用状态等这些商品最基本的属性和特征，都是常采用的分类标志。

1. 以商品用途作为分类标志

商品的用途是体现商品使用价值的标志，同时还是探讨商品质量的重要依据，所以按商品的用途分类，在实际工作中应用最广泛。它不仅适用于商品大类的划分，也适用于对商品种类、品种等的进一步详细分类。

例如：①根据商品的基本用途，将商品分成生活资料和生产资料两大类；生活资料又可按商品用途分成衣、食、住、行、用、娱，生产资料按用途又可分成工业生产资料和农业生产资料。②日用商品类中，可按用途分为鞋类、玩具类、洗涤用品类、化妆品类等。③化妆品类按用途还可以再分为皮肤用和毛发用化妆品。在此基础上还可以细分，如毛发用化妆品还可以分为清洁类、护发养发类、染发剂等。

以商品用途为标志的分类便于分析和比较同一用途商品的质量和性能，有利于生产企业改进和提高商品质量，开发商品新品种，扩大品种规格，生产适销对路的商品。但对多用途的商品，一般不宜采用此分类标志。

新规速览

《城市居民生活用水量标准》实施

在生活资料商品分类中，有一种商品是人类赖以生存和发展不可缺少的物质资源之一，它就是水资源。居民日常生活所用的水被称为居民生活用水，居民生活用水的供应量和质量，反映了这一地区城市发展水平、卫生状况和当地水资源可持续利用的水平。2023年，国家为合理利用水资源满足人民生活水平提高和生活用水需求，加强城市供水管理，促进城镇居民合理用水、节约用水，保障水资源的可持续利用，科学地制定居民用水价格，提高城市水资源利用效率，促进节约生活用水，修订了《城市居民生活用水量标准》，该标准已于2023年11月1日起施行，增加了城市居民生活用水量分级，提出城市居民生活一级用水量和二级用水量的指标上限值。

修订后的《城市居民生活用水量标准》自11月1日起施行，增加城市居民生活用水量分级，提出城市居民生活一级用水量和二级用水量的指标上限值。

2. 以商品原材料作为分类标志

商品的原材料是决定商品质量、性能、特征的重要因素。由于原材料不同，商品具有截然不同的特性和特征，因而对商品的加工、包装、储运、保管、养护、使用等条件也不相同。所以，以原材料为标志的分类方法是商品的重要分类方法之一。

例如：①食品按其原材料来源可划分为植物性食品、动物性食品和矿物性食品。②纺织品商品可根据所用纤维材料的不同，划分为棉织品、麻织品、毛织品、丝织品、化纤织品五类。③绒线按使用原材料不同分成纯毛绒线、混纺绒线和纯化纤绒线三类。④油脂可分为植物油、动物油和矿物油。⑤革类可分成猪革、牛革、羊革、马革、合成革、人造革等。

以原材料作为分类标志不仅使分类清楚，而且还能从本质上反映每类商品的性能和质量特点、品种特征及其使用保管要求的差异，尤其适用于那些原材料来源较少，且对性能影响较大的商品进行分类。但对于由两种以上的原材料构成的商品，且商品的加工程度高、其特征与原材料关系不大的商品不适用，如汽车、电视机、电冰箱、照相机、洗衣机等。

3. 以商品生产加工方法作为分类标志

很多商品即使采用相同的原材料制造，由于生产方法和加工工艺不同，所形成商品的质量水平、性能、特征等会有明显差异。因此，对相同原材料可选用多种加工方法生产的商品，适宜以生产加工方法作为分类标志。

例如：①酒按加工方法不同可分为蒸馏酒、发酵酒、配制酒等。②罐头按加工方法不同可分成清蒸罐头、调料罐头、糖水罐头、油浸罐头、果汁罐头等。③纺织品按生产工艺不同可分成机织品、针织品和非织造织物。④茶叶按加工方法可划分为不发酵茶（绿茶）、半发酵茶（乌龙茶）、全发酵茶（红茶）和后发酵茶（黑茶）。

采用生产加工方法进行分类，能直接说明商品质量和商品品种的特征。采用生产加工方法进行分类有利于突出商品个性，有利于销售和工艺的革新。但对那些虽然生产方法不同，但产品质量、特征不会产生实质性区别的商品，则不宜使用此种分类方法。

4. 以商品主要成分或特殊成分作为分类标志

商品的化学成分，一般是指商品的主要化学成分，它是决定和影响商品品种、性能、质量用途以及储存和运输条件的最基本因素，因此在商品分类中应用较为广泛。

例如：①化学肥料按其化学成分可分为氮肥、磷肥、钾肥等。②食品膨胀剂按其化学成分不同可分为食品用碳酸氢钠、食品用碳酸氢铵、食品用磷酸氢钙和其他膨胀剂。③日用塑料制品按其化学成分可分为聚氯乙烯制品、聚乙烯制品、聚丙烯制品、聚苯乙烯制品等。

应该指出，有些商品的主要化学成分虽然相同，但因其所含的少量特殊成分不同，可形成质量、特征、性质和用途完全不同的商品。对这类商品进行分类时，应该以特殊化学成分作为分类标志。例如：无机玻璃的主要成分是二氧化硅，但根据加入的特殊成分的不同，可分为钢化玻璃、钾玻璃、铝玻璃、硼硅玻璃等；钢材也可按其含有的特殊成分分成碳钢、硅钢、锰钢等。

按化学成分进行商品分类，能够更深入地分析商品特性，对研究商品的加工、使用以及储运过程中的质量变化有着重要意义。化学成分已知且对商品性能影响较大的商品适宜用这种分类标志进行分类；但对于化学成分不清楚或比较复杂或易发生变化以及对商品性能影响不大的商品，则不宜采用此种分类标志。

5. 以其他特征作为分类标志

除上述分类标志以外，商品的形状、结构、尺寸、颜色、品牌、重量、产地、产季、加工程度、使用期长短等也可作为分类标志对商品进行分类。总之，商品的分类没有统一的方法，也没有固定的分类标志，只要能保证商品及其管理活动能满足标准化的需要、便于消费者选购商品，就是科学、合理的商品分类方式。

拓展阅读

走进非遗——指尖绽放的艺术之花

绒花是我国一项传统的非遗技艺，距今已有1000多年的历史。绒花又称宫花、喜花，绒花用丝绣编织，工艺精美，颜色鲜艳，形象逼真，外观雍容华丽，因谐音"荣华"，寓意富贵荣华，为人们所喜爱。绒花的类型很多，按照用途不同可分为鬓头花、胸花、脚花、帽花、罩花、礼花、戏剧花（舞台表演使用）和摆件等，多用于礼仪事项、民俗节事以及日常生活。按照地域又可分为扬州绒花、南京绒花、北京绒花和天津绒花。

扬州绒花色彩丰富艳丽，由大红、水红、葱绿、杏黄等不同颜色进行组合设计而成，艳丽多姿，优美动人，题材多来自时节，例如，初一、十五戴的"吉祥如意"花，结婚戴的"双喜"花

等。扬州绒花以绒鸟、绒鸡最为著名，整体造型细腻、精致，被称之为工艺品中的"小家碧玉"，且出现了挂屏、地屏等新形式。

南京绒花与扬州绒花同属南派绒花，2006年南京绒花被评为江苏省非物质文化遗产。南京绒花整体造型讲究，且款式清新典雅，其色彩大多为大红、粉红，辅以绿色、黄色，整体色调更加明快富丽，对比强烈。其题材以花鸟鱼虫为主，取材于流行事物，塑造简洁生动的艺术形象，寄托人们对美好生活的向往。

北京是北派绒花的盛行地，2009年北京绒鸟（绒花）入选市级非遗名录。其特点是造型优美、色彩鲜艳、纹样清晰、工艺精致、工序繁杂。

如今，越来越多的年轻人加入到绒花手艺人的行列中，他们通过与现代元素结合、跨界合作等方式，让这一传统手工艺焕发出新的生命力。在影视剧、服饰设计、婚礼装饰等领域，绒花的应用越来越多样化，既保留了传统韵味，又增添了时尚感。我们应更好地保护和创新传承这项技艺，为传统文化的传播和发展注入新的活力。

拓展阅读

超市商品分类的原则

1. 大分类的分类原则

在超级市场里，大分类的划分最好不要超过10个，以便于经营和管理。但这不是一成不变的，可根据经营者的经营理念而定。例如，经营者想把业务范围扩增到很广的领域，可能就需要增加大分类。

2. 中分类的分类原则

（1）根据商品的功能、用途划分。例如，在糖果饼干大分类中，可以划分出一个"早餐关联"的中分类。早餐关联是一种功能及用途的概念，所提供的商品要能解决消费者能享有一顿"营养丰富、制作简单的早餐"，因此在分类里就可以集合面包、吐司、果酱、麦片、黑芝麻糊等商品来构成相关中分类。

（2）根据商品的制造方法划分。例如，在畜产品的大分类中包含"加工肉"的中分类，这个中分类包括了香肠、火腿、热狗、熏肉、腊肉等商品，它们的功能和用途不尽相同，但制造方法近似，因此，"经过加工再制的肉品"就可以归纳成一个中分类。

（3）根据商品的产地划分。在经营策略中，有时候会将某些商品的特性加以突出，因而发展出以商品的产地来源作为分类的依据。例如，进口零食、进口酒水等。

3．小分类的分类原则

（1）根据商品功能、用途分类。此种分类与中分类原理相同，以功能、用途来做更细化的分类。

（2）根据商品规格、包装形态分类。在分类时，规格、包装形态可作为分类的原则。例如，碗装速食面、1kg装大米等。

（3）根据商品的成分分类。有些商品也可按商品的成分来归类。例如，100%的果汁、有机蔬菜等。

（4）根据商品的口味分类。例如，"牛肉面"也可以作为一个小分类，凡是牛肉口味的面，就可以归到这一类。

行业动态

智享科技——助力互联互通，共创支付之便

为深入贯彻落实党中央、国务院"关于进一步优化支付服务提升支付便利性"的决策部署，在中国人民银行指导下，中国银联联合产业各方持续推动各类支付工具在各场景通用好用，共建便利、包容、普惠支付生态。

2024年6月，银联网络迎来微信支付收款码场景的全面接入，意味着条码支付互联互通取得了新进展，将为境内外广大消费者提供更多支付选择、更佳的支付体验。目前，用户在微信各类收款码的"主扫"场景，打开云闪付APP即可实现扫码支付。

此次银联与财付通微信支付的开放合作是条码支付互联互通的又一成果，体现出大型平台企业正朝向合规经营、公平竞争的道路不断迈进，传递互联协作的良性信号。条码支付互联互通将进一步在推进市场经济繁荣和便利百姓生活等方面发挥着积极作用。未来必将有更多支付机构加入推动条码互联互通，也将有更多平台型机构加入支付场景开放阵营，共同为数字基础设施的完善添砖加瓦。

案例启示：近年来条码互联互通是支付行业普遍关注的话题。在线下场景，体现为条码支付互联互通；在线上场景，体现为各大互联网服务对不同支付方式的支持。目前条码互联互通仍面临诸多现实挑战，若想实现更大范围的互联互通，还需要多方机构的共同努力搭建系统化的技术解决方案及风险防控方案，以此助力互联互通，共创支付之便。

3.2 商品目录与编码

3.2.1 商品目录

1. 商品目录的概念

商品目录是指将所经营管理的全部商品品种，按一定标志进行系统分类编制成的商品细目表。商品目录是以商品分类为依据，因此也称商品分类目录或商品分类集。商品目录是在商品逐级分类的基础上，用表格、符号和文字全面记录商品分类体系和编排顺序的书本式工具。

商品目录的编制就是商品分类的具体体现。在编制商品目录时，国家或部门都是按照一定的目的，首先将商品按一定的标志进行定组分类，再逐次制定和编排。也就是说，没有商品分类就不可能有商品目录，只有在商品科学分类的基础上才能编制层次分明、科学、系统、标准的商品目录。

编制商品目录，便于国家、部门和企业对其经营范围内的商品进行科学管理；便于了解与把握商品生产和经营的动态，为市场经济发展提供商品信息；便于消费者了解市场商品供求情况，更好地满足其需要。所以，编制商品目录是做好商品生产、经营及其管理的一种重要手段。

2. 商品目录的种类

商品目录由于编制目的和作用不同，因此种类很多。例如：按商品用途不同，编制的目录有食品商品目录、纺织品商品目录、交电商品目录、化工原料商品目录等；按编制对象不同，编制的目录有工业产品目录、贸易商品目录和进出口商品目录；按适用范围不同，编制的目录有国际商品目录、国家商品目录、部门商品目录、企业商品目录等，见图3-1。

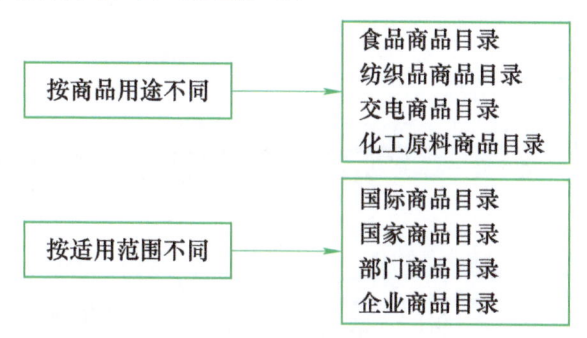

图3-1 商品目录的种类

> **课堂训练**
>
> 某同学网购了一件卫衣，到货后发现卫衣上的商品编码标记为"24 10029 01 32"，这个代码让他很好奇，便咨询了店家客服。客服回复到："这个编码是指XX品牌男装，2024年新款，上装卫衣029款，黑色，小码"。
>
> 同学们，现实生活中你是否留意过商品编码？案例中的商品编码由一组数字组成，请你寻找并搜集其他类型的商品编码，并尝试分析编码的含义是什么。
>
> 编码：_____
>
> 分析：_____

3.2.2 商品代码

1. 商品代码的概念

商品代码又称商品编码，或商品代号、货号，它是赋予某种或某类商品的一个或一组有序的符号排列，是便于人或计算机识别与处理的代表符号。

商品代码可以区别不同产地、不同原料、不同色泽、不同型号的商品品种；便于企业经营管理、计划、统计和核算等工作的开展，有助于避免差错的产生，提高工作效率；为计算机进行数据处理创造了前提条件，是现代化的基础。

2. 商品代码的种类

目前，商品代码主要有数字型代码、字母型代码、混合型代码和条码四种。

（1）数字型代码。数字型代码是用阿拉伯数字对商品进行编码形成的代码符号。数字型代码是世界各国普遍采用的方法之一，这种类型的代码更便于国际之间的经济往来，其特点是结构简单、使用方便、易于推广、便于利用计算机进行处理。数字型代码是将每个商品的类别、品目、品种等排列成一个数字或一组数字。

> **知识拓展** 　　　　数字型服装商品代码实例
>
> **11　10001　01　38**
>
> 品牌　年份　大类 小类　商品流水号　　色号　　尺码

（2）字母型代码。字母型代码是用一个或若干个字母表示分类对象的代码。按字母顺序对商品进行分类编码时，一般用大写字母表示商品大类，用小写字母表示其他类目。字母型代码便于记忆，可提供便于人们识别的信息，但当分类对象数目较多时，往往会出现重复现象，因此，在商品分类编码中很少使用。

（3）混合型代码。混合型代码又称数字、字母混合型代码，是由数字和字母混合组成的代码。字母常用于表示商品的产地、性质等特征，可放在数字前或后，用于辅助数字型代码。

> **知识拓展** 广汽本田汽车的车型代码
>
> 如HG6481BAA（EXIS）当中的数字、字母分别代表的意思如下：
> HG：广汽本田的工厂代号
> 6：表示客车系列
> 48：表示此车长4.8米
> 1BAA：厂家内部型号代号
> EXIS：表示豪华版

（4）条码。条码是由条型符号构成的图形表示分类对象的代码，是数字型代码、字母型代码和混合型代码的另一种表现形式。

3.2.3 商品条码

1. 商品条码的概念及应用

早在20世纪40年代，就有人开始研究用代码表示食品项目及相应的自动识别设备。1973年，美国统一代码委员会选定了IBM公司提出的条码系统，并将它作为北美地区的通用代码，简称UPC条码。之后，欧洲共同体在此基础上制定出欧洲物品编码EAN-13和EAN-8，并正式成立了欧洲物品编码协会（简称EAN）。到了1981年，由于EAN已经发展成为一个国际性组织，故改名为国际物品编码协会，简称IAN。但由于历史原因和习惯，至今仍称为EAN，后改为EAN-International。

我国对条码技术的研究始于20世纪70年代末，而真正建立条码应用系统则是20世纪80年代初，直到20世纪80年代末才开始实施条码技术的标准化工作。1991年上半年，中国物品编码中心正式加入了国际物品编码协会，同意采用EAN条码系统，为我国大规模应用条码技术创造了有利条件。

商品条码是由一组规则排列的"条""空"符号及其对应的数字代码组成的

商品标识，用以表示一定的信息。商品条码一般印制在商品的销售包装上，有时也印制在商品的运输包装上。它表现为一组宽窄不同、黑白（或彩色）相间的平行条形符号和一组数字组合而成的图形标记。没有条码的商品难以在国际市场上正常流通，也不能进入销售领域。

推广应用商品条码，可以提高商品的档次和商品在国际市场的竞争力。商品条码是商品的"身份证"，是商品流通于国际市场的"共同语言"。它是实现商业现代化的基础，是商品进入POS（定点销售系统）扫描超市、商店的入场券。其优越性体现为五个方面：①信息采集速度快，普通计算机的键盘录入速度是200字符/分钟，而利用条码扫描录入信息的速度是键盘输入的20倍，并且能实现即时数据输入；②可以实现销售、仓储、运输、订货、结账等的自动化管理，提高商品生产和经营效率；③有助于提高商品信誉，使出口商品可以在国际市场上正常流通，进入超级市场，为国家创汇；④可靠性高，可减少人为输入错误；⑤条码标签易于制作，对设备和材料没有特殊要求，设备操作容易且价格不高。

2. 常用条码简介

根据条码的编码方式不同，可将条码分成20多个种类，其中在国际范围中使用最广泛的包括：Code39码，在管理领域应用最广；EAN码，在超市中最常见的条码；UPC码，主要为美国和加拿大地区使用；ITF25码，在物流管理中应用较多；Codebar码，广泛在血库、图书馆和照相馆的业务中使用；ISBN码，适用于书籍；ISSN码，适用于期刊杂志。以上常见条码均属于一维条码（见图3-2），除此之外，还有二维条码（见图3-3）也越来越得到广泛的应用。

图3-2 一维条码

图3-3 食品包装上的二维条码

（1）EAN条码。

1）EAN条码类型。

EAN条码为国际物品条码，它是在世界范围广泛使用的商品条码，也是超市中最常见的商品条码，分标准版（EAN-13条码）和缩短版（EAN-8条码）两种。我国规定从1997年1月1日起，凡在超市销售的商品必须使用商品条码。

①EAN-13条码。EAN-13条码（见图3-4）的码制条空图形结构线条为30条，相应数字码为13位。这13位数字码可分为四个码段，即由前缀码、厂商识别代码、商品项目代码和校验码组成。第一码段是前缀码（又称国别代码），为前二位或前三位，用于识别商品来源或地区，由国际物品编码协会分配和管理。我国的条码事业发展迅速，目前，商品使用的前缀码有"690"、"691"、"692"至"699"。第二码段是厂商识别代码，一般为四位数字，用于标识生产企业或批发公司，由国际物品编码协会在各国的分支机构分配和管理。第三码段是商品项目代码，为五位数字，用于识别商品的特征或属性，由制造商依据EAN的规则自行编制。第四码段是校验码，为最后一位数字，用于校验以上三部分代码输入的正确性，由这三部分数字按照规定的方法计算得出。

图3-4　EAN-13条码

知识拓展　　EAN-13条码实例解析

听装健力宝饮料的条码为6901010101098，其中690代表中国物品编码中心，1010代表广东健力宝公司，10109是广东健力宝公司分配给听装饮料的商品项目代码，8为校验码。这样的编码方式保证了无论在何时何地，6901010101098唯一对应该种商品。

②EAN-8条码。EAN-8条码称为缩短码，只有当标准码尺寸超过总印刷面积的25%时，才允许申报使用缩短码。EAN-8条码的条空图形结构线条为22条，相应数字码为8位。以我国商品为例，前三位数字为国家代码，中间为四位数字为商品项目代码，最后一位是校验码（见图3-5）。

图3-5　EAN-8条码

学习探究

讨论：EAN-13条码与EAN-8条码的区别是什么？在超市或商场中你是否遇到过采用EAN-8条码的商品？在什么情况下会采用EAN-8条码？

📖 **拓展阅读**

EAN部分成员国（地区）和代码表

前缀码	国家（地区）	前缀码	国家（地区）
000~019、030~039、060~139	美国	500~509	英国
300~379	法国	613	阿尔及利亚
400~440	德国	789、790	巴西
450~459、490~499	日本	888	新加坡
460~469	俄罗斯	930~939	澳大利亚

2）校验码的计算。

第一步：奇数位数字之和　　　　　　　　　　　　　①式
第二步：偶数位数字之和　　　　　　　　　　　　　②式
第三步：偶数位数字之和×3，即②式×3　　　　　　③式
第四步：①式+③式　　　　　　　　　　　　　　　④式
第五步：10-④=校验码

注意，为计算方便，每一步骤计算结果只保留个位。

课堂训练

校验6941182000157这一条码的校验码是否正确。

第一步：奇数位数字之和=6+4+1+2+0+1=14，即4　　　　①式
第二步：偶数位数字之和=9+1+8+0+0+5=23，即3　　　　②式
第三步：②×3=3×3=9　　　　　　　　　　　　　　　　③式
第四步：①+③=4+9=13，即3　　　　　　　　　　　　　④式
第五步：10-④=10-3=7

所以，此条码正确。

（2）ISBN条码。

ISBN条码（见图3-6）是国际统一标准书号编码的简称，由一组冠有ISBN代号的13位数码所组成，用以识别出版品所属国别地区或语言、出版机构、书名、版本及装订方式。国际统一标准书号有助于简化图书发行及管理手续，便于出版品的统计及国际交流。世界各地

图3-6　ISBN条码

的出版机构、书商及图书馆都可以利用国际统一标准书号迅速而有效的识别。我国的图书代码为978。

（3）ISSN条码。

ISSN条码（见图3-7）即国际标准期刊号，是根据国际标准组织1975年制定的ISO—3297规定，由设在法国巴黎的国际期刊资料系统中心管理，并赋予申请登记的每一种刊物一个具有识别作用，且在国际通行的统一编号。我国的期刊代码为977。

图3-7　ISSN条码

（4）二维条码。

二维条码是用某种特定的几何图形，按一定规律在平面（二维方向）上分布的黑白相间的图形记录数据符号信息。它在代码编制上巧妙地利用构成计算机内部逻辑基础的"0""1"比特流的概念，使用若干个与二进制相对应的几何形体来表示文字数值信息。通过图像输入设备或光电扫描设备自动识读，可实现信息自动处理。二维条码能够在横向和纵向两个方位同时表达信息，具有高密度编码、信息容量大、编码范围广、容错能力强等优点，同时译码可靠性高，还可引入加密措施，成本低、易制作、持久耐用。

二维条码常用的码制有Data Matrix、Maxi Code、Aztec Code、QR Code、PDF417、Code 49、Code 16K等，主要分为堆积式（层排式）和棋盘式（矩阵式）两大类（见图3-8）。二维条码作为一种新的信息存储和传递技术，现已应用在国防、公共安全、交通运输、医疗保健、工业、商业、金融、海关及政府管理等多个领域。二维条码有错误修正技术及防伪功能，增加了数据的安全性；二维条码可以把照片、指纹编制于其中，可有效地解决证件的可机读和防伪问题。因此，二维条码可广泛应用于护照、身份证、行车证、军官证、健康证、保险卡等。

Data Matrix　　Maxi Code　　Aztec Code　　QR Code

PDF417　　Code 49　　Code 16K

图3-8　二维条码常用码制

> 行业动态

二维条码防伪标签技术优势

二维条码防伪标签技术是通过二维条码防伪系统生成与产品一一对应的加密的产品信息，并对每一个二维条码都设置一个扫码累加计数器，将二维条码印刷或标贴于产品包装上，用户只需通过指定的二维条码防伪系统或扫描软件进行解码检验，既可获知该产品上的二维条码是否为本人第一次扫码，从而来判断该产品的真伪，达到放心购买和监督的作用。二维条码防伪标签是可以实现商品唯一性的重要工具，能有效防止不法商家造假。

同时二维条码还具有溯源、防窜货的功能。企业可通过二维条码溯源系统随时记录原料采购、生产过程、去向、批次、厂家、生产日期等生产、物流以及渠道信息，以二维条码的方式读取录入数据，以此提高企业内部管理效率和控制力。如果出现产品质量问题，企业通过扫描产品包装二维条码，追溯到同批量产品质量问题的责任人；消费者也可以扫描查询产品信息，起到放心购买作用。利用二维条码识别、移动通信等技术对编码进行销售区域、真伪等信息加载。同时通过移动通信的技术手段，通过验证产品编码，监控产品的流通环节，避免了窜货、伪品等现象的发生，便于企业进行管理，提高消费者满意度并建立良好的品牌形象。

知识与技能训练

知识小测

一、选择题

1. 线分类法的一般表现形式是（　　）。
   A．大类　　　B．中类　　　C．小类　　　D．门类

2. 鞋类商品按（　　）可分为布鞋、皮鞋、胶鞋、塑料鞋、人造革鞋等。
   A．用途　　　B．季节　　　C．化学成分　　D．原材料

二、判断题

1. 按原材料的不同可将化肥分为氮肥、磷肥、钾肥等。　　　　　　　　（　　）

2. 线分类法是面分类法的辅助和补充。　　　　　　　　　　（　　）

3. 以商品用途作为分类标志，仅适合于对商品大类的划分。（　　）

4. 条码中的前2~3位称为国别代码，最后一位称为产品代码。（　　）

5. 条码是商品进入超市的入门券。　　　　　　　　　　　　（　　）

三、连线题

请将下列商品分类实例与分类标志正确连线。

商品分类实例　　　　　　　　　　　　　　商品分类标志

1. 生活资料可分为食品、服装用品、日用工业品等。　　a. 按商品原材料分类
2. 鞋类商品可分为布鞋、皮鞋、胶鞋、人造革鞋等。　　b. 按商品的外观形态分类
3. 化学肥料可分为氮肥、磷肥、钾肥等。　　　　　　　c. 按商品的用途分类
4. 大米可分为长粒米、圆粒米和中粒米等。　　　　　　d. 按商品化学成分分类
5. 酒可分为蒸馏酒、发酵酒、配制酒等。　　　　　　　e. 按生产加工方法分类

四、条码检验

检验以下六组条码的校验码正确与否。

1. 4974019370736
2. 4712759310684
3. 6928846108523
4. 6902401003332
5. 6926396161560
6. 6938162700046

案例分析

提升线下店铺营收，抓住线上流量热度

随着经济发展，人们对母婴商品的追求不断提高。越来越多专为孕产妇和小宝宝设计的商品走进了千家万户。母婴店如同一片温馨的港湾，为新生儿和家长提供了一个充满爱与关怀的避风港。由于顾客群体较为特殊，所以在经营管理中需要花费更多的心思来提升顾客的购物体验感。做好母婴店铺商品分类便是一项非常重要的工作。

母婴店常用的商品分类方式有两种，一是按商品用途分类，二是以销售性质分类。

按商品用途分类是以商品属性来划分，可以将商品分为母婴食品类、养护类、穿戴类、玩教类、出行类、寝具类和礼品类等七类。此种分类可以让消费者按照产品类别精准找到所需商品，更清晰地了解每种商品的特点及用途，有利于消费者做出更明智的购买决策，提高购物效率；同时，井然有序的商品分类也有利于提升店铺形象，给顾客带来良好的购物体验。

按销售性质分类，商品可分为人气商品、引流商品、高毛利商品、走量商品和附加商品。这种分类方式便于商家了解不同分类下的商品销售情况，帮助商家优化销售布局，制定更有效的营销策略。

如今，随着电商行业的发展，很多店铺为拓展业务从线下转移到了线上，开启了直播带货模式。面对不同的销售方式，线上产品分类也有所调整。目前很多线上母婴店根据市场需求变化和经营目的将商品分成引流款、利润款、形象款和活动款等，以此来精准吸引顾客，抓住线上流量热度。

阅读案例回答问题：

1. 一旦店铺商品分类完成之后是否可以大幅度调整，为什么？
2. 商品分类对线下线上的店铺经营有怎样的指导作用？

技能训练

卖场商品分类实地调研

一、训练内容

参观大型商场的化妆品、食品、服装等柜组，了解商场采用了什么分类方法，商品分类的依据是什么，采用这样的分类方法有何益处。

二、训练目的

1. 能进一步理解商品分类的重要性和意义。
2. 能归纳总结商品分类的两种基本方法及差异。
3. 能准确判定每一柜组商品常用的分类标志。
4. 能明确每一柜组选用该分类标志的意图。
5. 能清晰阐述本次实地调研的结果。

三、训练指导

1. 布置任务：将教学班学生按3～5人的标准划分成若干个任务小组，以小组的方式完成任务。

2．任务要求：各任务小组需要借助本章所学内容进行科学的、有目的的实地调研。

3．课堂陈述：各任务小组成员汇报调研结果。

4．评价效果：各小组代表陈述后，指导教师点评该次技能训练的情况，并给予相应的指导与奖励。

岗位实战

根据已知信息，为某服装公司编写数字型商品代码。

1．品牌

亿羽	七彩格格	梦丽雅
1	2	3

2．年份

2021	2022	2023	2024
1	2	3	4

3．商品款号

A．大类

上装	外套	下装	裙子
1	2	3	4

B．小类

		0	1	2	3	4	5	6	7
上装	1	T恤	衬衫	毛衣	针织衫	卫衣	背心	抹胸	
外套	2	风衣	夹克	西装	马甲	棉衣	羽绒	大衣	
下装	3	休闲裤	牛仔裤	打底裤	连衣裤				
裙子	4	连衣裙	长裙	中裙	短裙				
	5								
	6								
	7								
	8								
配饰品	9	配饰	围巾	腰带	包包	鞋子	袜子	帽子	项链
	0								

4．色号

	0	1	2	3	4	5	6	7	8	9
0	白色	米白	灰白							
1	黑色									
2	灰色	浅灰	花灰	深灰						
3	红色	粉红	玫红	酒红					大红	紫色
4	蓝色	粉蓝	宝蓝	天蓝						深蓝
5	绿色	浅绿	翠绿	军绿						墨绿
6	黄色	浅黄	米黄	土黄						橙色
7	咖色	浅咖								深咖
8	杏色	卡其色								
9										

5．尺码

服装尺码	XS	S	M	L	XL	XXL
尺码		36	38	40	42	44
号型		160/68A	165/72A	170/76A	175/80A	180/84A
女裤	26	27	28	29	30	
配饰品	00					

要求以品牌、年份、大类、小类、商品流水号、色号、尺码为编码顺序为以下两款商品编写代码。

1．亿羽品牌女装2024年款，短裙001款，粉红色M码。

2．七彩格格品牌女装2023年款，外套大衣003款，杏色L码。

第 4 章 商品标准和质量认证

学习目标

知识目标
- 能叙述三种商品标准的分类形式
- 能区分并确认我国商品标准的五个等级
- 能识别我国商品质量认证典型标志
- 能了解我国质量认证体系

能力目标
- 会解读我国五个等级的商品标准编码含义
- 会归纳整理3C认证、绿色食品质量认证适用范围

素养目标
- 强化精益求精的标准意识

学习导图

- 商品标准和质量认证
  - 4.1 商品标准和标准化
    - 4.1.1 商品标准的概念
    - 4.1.2 商品标准的分类
    - 4.1.3 商品标准化
  - 4.2 商品标准分级与编号
    - 4.2.1 商品标准的分级
    - 4.2.2 我国商品标准的编号
  - 4.3 商品质量认证
    - 4.3.1 商品质量认证的概念和作用
    - 4.3.2 质量认证体系
    - 4.3.3 我国商品质量认证标志

案例导引

《旅游饭店用纺织品》标准来了!

随着纺织产业信息化、数字化、智能化发展,以及技术装备水平不断升级和经营管理水平不断提升,原《星级旅游饭店用纺织品标准》(GB/T 22800—2009)不再适应当前市场需求,国家市场监督管理总局和国家标准化管理委员会在2009年版标准基础上修订了《旅游饭店用纺织品标准》(GB/T 22800—2023),代替原有标准。新标准2023年9月7日发布,2024年10月1日实施。

新标准规定了旅游饭店用纺织品的术语和定义、产品分类、技术要求、试验方法、判定规则、标志、包装、运输和贮存。适用于旅游饭店用纺织品的品质鉴定,不适用于一次性产品。新标准新增了窗帘系列产品的分类,对卫浴巾、客房床上用品、餐饮与会议用布艺、窗帘系列产品提出了更高的要求。新标准对旅游饭店用纺织品的规范,提升了用户使用的舒适度和安全性。新标准的设立更加有利于促进行业的进步,推广行业的认知,促进全行业繁荣进步。

案例启示:《旅游饭店用纺织品》标准为旅游饭店提供了明确的质量标准,有助于提高旅游饭店用纺织品的安全性、使用性和消费体验,确保了旅游饭店在选购纺织品时能够依据统一标准把控质量,从而提升整体服务品质。通过设定统一质量标准,为消费者提供更加明确的选择依据,也为纺织品生产企业提供了明确的市场准入标准。

基础知识

4.1 商品标准和标准化

商品标准是科学技术和生产力发展水平的一种标志,是社会生产力发展到一定程度的产物,又是推动生产力发展的一种手段。凡正式生产的各类商品,都应制定符合相应商品的标准。商品标准由主管部门批准、发布后,就是一种技术法规,具有法律效力,同时也具有政策性、科学性、先进性、民主性和权威性。它是生产、流通、消费等部门对商品质量出现争议时执行仲裁的依据。

4.1.1 商品标准的概念

国际标准化组织对标准的定义是:由有关各方面根据科学技术成就与先进经验,共同合作起草,一致或基本上同意的技术规范或其他公开文件,其目的在于促进最佳的公众利益,并由标准化团体批准。

商品标准是对商品质量以及与质量有关的各个方面(如商品的品名、规格、性能、用途、使用方法、检验方法、包装、运输、储存等)所做的统一技术规定,是评定、监督和维护商品质量的准则和依据。商品标准具备"标准"概念的基本含义。

4.1.2 商品标准的分类

1. 按商品标准的表现形式分类

商品标准按表现形式可分为文件标准和实物标准。

(1)文件标准。文件标准是用特定格式的文件,通过文字、表格、图样等形式,表达全部或部分商品质量有关方面技术内容的统一规定。目前,绝大多数商品标准都是文件标准。文件标准在其开本、封面、格式、字体、字号等方面都有明确的规定,应符合《标准化工作导则》(GB/T 1.1—2020)的有关规定。而《标准化工作导则》(GB/T 1.1—2020)就是典型的文件标准。

知识拓展　文件标准——《标准化工作导则》（GB/T 1.1—2020）

ICS 01.120
CCS A 00

中华人民共和国国家标准

GB/T 1.1—2020
代替 GB/T 1.1—2009

标准化工作导则
第1部分：标准化文件的结构和起草规则

标准化工作导则
第1部分：标准化文件的结构和起草规则

1 范围

本文件确立了标准化文件的结构及其起草的总体原则和要求，并规定了文件名称、层次、要素的编写和表述规则以及文件的编排格式。

本文件适用于国家、行业和地方标准化文件的起草，其他标准化文件的起草参照使用。

注：在不引起混淆的情况下，本文件中的"标准化文件"简称为"文件"。

2 规范性引用文件

下列文件中的内容通过文中的规范性引用而构成本文件必不可少的条款。其中，注日期的引用文件，仅该日期对应的版本适用于本文件；不注日期的引用文件，其最新版本（包括所有的修改单）适用于本文件。

GB/T 321　优先数和优先数系
GB/T 3101　有关量、单位和符号的一般原则
GB/T 3102（所有部分）　量和单位
GB/T 7714　信息与文献　参考文献著录规则
GB/T 14559　变化量的符号和单位
GB/T 15834　标点符号用法
GB/T 15835　出版物上数字用法
GB/T 20000.1　标准化工作指南　第1部分：标准化和相关活动的通用术语
GB/T 20000.2　标准化工作指南　第2部分：采用国际标准
GB/T 20001（所有部分）　标准编写规则

（2）实物标准。像粮食、茶叶、羊毛、蚕茧等农副产品难以用文字准确表达出其质量要求，这时就要采用实物标准。实物标准由标准化主管机构或指定部门用实物做成与文件标准规定的质量要求完全或部分相同的标准样品，作为文件标准的补充，它同样是生产、检验等有关方面共同遵守的技术依据。实物标准是文件标准的补充，也有独立存在的实物标准，但需要注意的是实物标准的样品要经常更新。

> **知识拓展**　　　　茶叶采用实物标准展现更直观

2. 按商品标准的约束程度分类

商品标准按约束程度不同分为强制性标准和推荐性标准。

（1）强制性标准。强制性标准又称法规性标准，一经批准发布，在其规定的范围内，有关方面都必须严格贯彻执行。《中华人民共和国标准化法》规定，保障人身健康、财产安全的标准以及法律和行政法规强制执行的标准，均属于强制性标准。下列标准均属于强制性标准：

1）药品标准、食品卫生标准、兽药标准。

2）产品及产品生产、储运和使用中的安全、卫生标准，劳动安全、卫生标准，运输安全标准。

3）工程建设的质量、安全、卫生标准及国家需要控制的其他工程建设标准。

4）环境保护的污染物排放标准和环境质量标准。

5）重要的通用技术术语、符号、代号和制图方法。

6）通用的实验、检验方法标准。

7）互换配合标准。

8）国家需要控制的重要产品质量标准。

9）省、自治区、直辖市人民政府标准化行政主管部门制定的工业产品的安全、卫生要求的地方标准，在本行政区域内是强制性标准。

> **知识拓展**　　茶叶类产品强制性国家标准实施

《食品安全国家标准 茶叶》（GB 31608—2023）为我国首次制定的茶叶产品强制性食品安全国家标准，且是茶叶产品目前唯一一部食品安全国家标准，将是其他推荐性茶叶产品标准的基础标准，于2023年9月发布。该标准规定：茶叶外形应具有正常的外形和色泽，符合所属茶类应有的品质特征，无劣变，无霉变；其内质应具有正常的汤色、香气和滋味，符合所属茶类应有的品质特征，无异气，无异味。茶叶的检验方法为：取适量试样置于洁净的白色样盘中，在自然光下观察形态和色泽。称取混匀试样3~10g置带盖审评杯中，按照茶水比1:50（质量比）加入沸水，浸泡5min后，将茶汤沥入评茶碗中，嗅茶底香气，用温开水漱口，品尝茶汤滋味。

（2）推荐性标准。推荐性标准又称自愿性标准，即国家制定的标准由各企业自愿采用、自愿认证。我国从1985年开始实行强制性标准和推荐性标准相结合的标准体制。

> **知识拓展**　　首个绿色外卖推荐性国家标准实施

绿色外卖是指在外卖活动各环节，推广低碳理念，推行环境保护、资源节约、循环低碳和回收利用，降低外卖活动对环境的影响。为了指引餐饮企业开展绿色外卖服务管理活动、促进资源节约和环境友好型社会建设，中国饭店协会牵头制定了首个绿色外卖推荐性国家标准《绿色外卖管理规范》（GB/T 43285—2023），该标准将进一步推动餐饮企业建立绿色环保的供应链体系、减少包装使用量，以及进一步引导消费者适量适度点餐、形成绿色生活方式等，对遏制"舌尖上的浪费"具有重要意义。

3. 按商品标准的适用范围分类

商品标准按其适用范围不同可分为国际标准、区域标准、国家标准、行业标准、地方标准和企业标准六级。

（1）国际标准。国际标准是指由国际上权威专业组织制定发布，并为世界上大多数国家承认和采用的标准，主要指国际标准化组织（ISO）和国际电工委员会（IEC）制定和发布的标准，以及经国际标准化组织确认并公布的其他国际组织制定的标准。

知识拓展　　　中核集团首个主导修订的ISO国际标准正式发布

2023年8月，由我国中核集团首个主导修订的ISO国际标准ISO 22188:2023《放射性物质非故意转移和非法运输的监测》正式发布。该标准在2004年版的《放射性物质非故意转移和非法运输的监测》标准基础上修订而成，新标准的修订是贯彻落实国家创新驱动发展战略和国家标准化发展纲要的重要体现，也是大力推动科技创新的重要成果之一。标准的发布，展示了我国专家在国际标准化工作方面的突出能力和有为担当，展现了我国在国际核材料防扩散和辐射防护方面发挥的积极作用，增强了我国在国际标准化领域的话语权。

（2）区域标准。区域标准是指由世界某一区域的标准化团体通过并公开发布的标准。制定区域标准的目的在于促进区域性成员之间的贸易，便于该地区的技术交流与合作，协调该地区与国际标准化组织的关系。目前，国际上较为重要的区域标准主要有欧洲标准化委员会（CEN）标准、欧洲电工标准化委员会（CENELEC）标准、亚洲标准咨询委员会（ASAC）标准和非洲地区标准化组织（ARSO）标准等。

（3）国家标准。国家标准是指由国家标准化主管机构批准发布，对全国经济、技术发展有重大意义，且在全国范围内统一的标准。

（4）行业标准。行业标准是指对没有国家标准而又需要在全国某个行业范围内统一的技术要求所制定的标准。

（5）地方标准。地方标准是由地方（省、自治区、直辖市）标准化主管机构或专业主管部门批准、发布，在某一地区范围内统一的标准。

（6）企业标准。企业标准是指由企业制定和发布，在该企业范围内统一使用的标准。

4. 按商品标准的成熟程度分类

商品标准按照成熟程度的不同可分为正式标准和试行标准。试行标准与正式标准具有同等效用，同样具有法律约束力。试行标准一般在试行2至3年后，经过讨论修订，再作为正式标准发布。现行标准绝大多数为正式标准。

5. 按商品标准的保密程度分类

商品标准按保密程度的不同分为公开标准和内部标准。我国的绝大多数标准都是公开标准。少数涉及军事技术或尖端技术机密的标准，只准在国内或有关单位内部发行，这类标准称为内部标准。

另外，商品标准还可以按性质分为产品标准、方法标准、基础标准、安全标准、卫生标准、管理标准、环保标准和其他标准。

拓展阅读

我国牵头制定的全球首个工业互联网系统功能架构国际标准正式发布

2022年，国际电工委员会（IEC）正式发布由我国牵头组织制定的《面向工业自动化应用的工业互联网系统功能架构》，该标准成为全球首个工业互联网系统功能架构国际标准。

该标准是工业互联网领域的核心基础类标准，首次规范了工业互联网系统的端边云架构，有效填补了国际标准空白，对于规范各国跨行业、跨领域工业互联网平台的架构建设，促进我国工业互联网平台产品的全球应用推广具有重要意义。

该标准由我国牵头提出，德国、法国、韩国等国专家与我国共同研制。自2018年项目启动至2022年标准发布的4年间，面对全球疫情及技术协调难度大的挑战，工作组克服重重困难，最终顺利完成各项工作。该标准的成功发布标志着我国工业互联网系统的技术发展水平和应用推广成效得到国际认可，有力地支撑全球工业互联网技术和产业的发展。

多年来，我国始终坚持科技自立自强，自主创新、苦练内功，不断推出新技术、新产品、新服务。希望更多企业持续自主创新、不断创造标准新高度。

4.1.3　商品标准化

1. 商品标准化的概念

商品标准化是指在生产和流通的各个环节中制定、发布以及实施商品标准的活动。推行商品标准化的最终目的是达到统一，从而获得最佳市场秩序和社会效益。

2. 商品标准化的形式与方法

（1）简化。简化是在一定范围内缩短商品的类型数目，使之在既定时间内满足一定需要的商品标准化形式。

（2）统一化。统一化是把同类商品两种以上的表现形式归并为一种或限定在一定范围内的商品标准化形式。

（3）系列化。系列化是对同一类商品中的一组商品同时进行标准化的一种形式。它是标准化的高级形式。

（4）通用化。在相互独立的系统中，选择和确定具有功能互换性或尺寸互换性的子系统或功能单元的标准化形式称为通用化。通用化要以互换性为前提。

（5）组合化。组合化是按照标准化的原则，设计并制造出一系列通用性较强的单元，根据需要组合成不同用途的商品的一种标准化形式。

（6）模数化。模数化是指在系统的设计、计算和结构布局中，制定和使用尺寸协调的标准模数的活动。模数是指在某种系统（如建筑物、构件或制品）的设计、计算和布局中普遍、重复地应用的一种尺寸。由于模数具有优良的尺寸拼加性，在外包物与内包物之间具有良好的容纳性，因此在仪表工业中，元件、器件、零部件与机箱、机柜之间，集装箱与包装箱之间等具有尺寸对接关系的积木组装结构制品中具有广泛的应用前景。

3. 商品标准化的作用

商品标准化的水平是衡量一个国家或地区生产技术和管理水平的尺度，是现代化的一个重要标志。现代化水平越高就越需要商品标准化。商品标准化的作用包括：①标准化是组织现代化商品生产和发展专业化协作生产的前提条件；②标准化是实现现代化科学管理和全面质量管理的基础；③标准化是提高商品质量和合理发展商品品种的技术保证；④标准化是合理利用国家资源、保护环境和提高社会经济效益的有效手段；⑤标准化是推广应用新技术、促进技术进步的桥梁；⑥标准化是国际经济、技术交流的纽带和国际贸易的调节工具。

4.2 商品标准分级与编号

4.2.1 商品标准的分级

我国商品标准根据《中华人民共和国标准化法》，按制定部门、适用范围的不同，可将商品标准划分成国家标准、行业标准、地方标准、团体标准和企业标准五个等级。

1. 国家标准

国家标准是指对需要在全国范围内统一的技术要求所制定的标准。对保障人身健康和生命财产安全、国家安全、生态环境安全以及满足经济社会管理基本需要的技术要求，应当制定强制性国家标准。国家标准分为强制性国家标准和推荐性国家标准，强制性国家标准由国务院批准发布或者授权批准发布，推荐性国家标准由国务院标准化行政主管部门制定。强制性国家标准必须执行，同时，国家也鼓励采用推荐性国家标准。

知识拓展　　首个《中兽医基本术语》国家标准发布

2023年9月，由中国农业科学院兰州畜牧与兽药研究所牵头制定的国家标准《中兽医基本术语》（GB/T 42953—2023）通过国家市场监督管理总局和国家标准化管理委员会批准并发布，该标准于2024年3月1日起正式实施。

据介绍，为使中兽医药学相关概念清晰、阐述标准、应用规范统一，加快推进国际学术交流的开展和中兽医诊疗技术推广，指导中兽医临床、科研及教学，促进中兽医学的传承和发展，中国农业科学院兰州畜牧与兽药研究所联合安徽农业大学、南京农业大学、中国农业大学、西南大学、扬州大学、河北农业大学和甘肃农业大学等国内的中兽医学优势单位起草了《中兽医基本术语》国家标准。该标准系统界定了阴阳、五行等术语554个，可满足中兽医教学、诊疗、科研、管理、出版及学术交流等多方面需求，有利于催生更多中兽医药新技术、新产品的临床应用与研发，进而发挥中兽医药防治动物疾病的优势，为我国畜牧业健康发展提供有力的保障。

2. 行业标准

行业标准是指对没有国家标准而又需要在全国某个行业范围内统一的技术要求所制定的标准，如行业的工艺流程标准，行业范围内通用的零配件标准，行业范围内通用的术语、符号、规则、方法等基础标准。行业标准由国务院有关行政主管部门制定，报国务院标准化行政主管部门备案。

知识拓展　　我国首个非遗领域行业标准发布

我国首个非物质文化遗产领域的文化行业系列标准《非物质文化遗产数字化保护 数字资源采集和著录》于2023年8月由文化和旅游部批准发布，该标准规定了民间文学等十种门类非遗代表性项目在数字资源采集方案编制等方面的业务与技术要求。标准明确了非遗数字资源采集和著录的总体要求，规定了民间文学，传统音乐，传统舞蹈，传统戏剧，曲艺，传统体育、游艺与杂技，传统美术，传统技艺，传统医药，民俗十大门类以及非遗代表性项目数字资源采集方案编制、采集实施、资源著录方面的业务要求和技术要求。依据标准，非遗保护机构和从业者在面对形态各异的非遗项目时，可更准确把握采集著录的工作方向和重点内容，提升记录工作的科学化、规范化、标准化水平，助力非遗的确认、立档、研究、保存、保护、传承、宣传、弘扬和振兴。

> 拓展阅读

走进非遗——深邃而美丽的文化瑰宝

非物质文化遗产（Intangible Cultural Heritage），简称"非遗"，与物质文化遗产相对应。在我国，非物质文化遗产是指各族人民世代相传，并视为其文化遗产组成部分的各种传统文化表现形式，以及与传统文化表现形式相关的实物和场所。非物质文化遗产是文化多样性中最富活力的重要组成部分，是人类文明的结晶和最宝贵的共同财富，承载着人类的智慧、人类历史的文明与辉煌。

国务院先后于2006年、2008年、2011年、2014年和2021公布了五批国家级项目名录，涉及民间文学、传统戏剧、传统医药、民俗等十个门类。像人们熟知的京剧、昆曲、古琴艺术、篆刻、剪纸、木拱桥传统营造技艺、中医针灸、珠算、中国活字印刷术、中国皮影戏、宣纸传统制作技艺、西安鼓乐、粤剧等都是典型的非物质文化遗产。文物和文化遗产承载着中华民族的基因和血脉，是不可再生、不可替代的中华优秀文明资源。我们要积极推进文物保护利用和文化遗产保护传承，挖掘文物和文化遗产的多重价值，传播更多承载中华文化、中国精神的价值符号和文化产品。

非遗商品是指与非物质文化遗产相关的商品，它们可以是直接由传统技艺制作的产品，也可以是以某种形式体现了非物质文化遗产元素的商品。非遗商品不仅是物质产品，也是文化的传承，是现代消费的一部分，它们通过现代的销售渠道与传统的文化相结合，为传统文化传播和发展提供了新途径。消费者通过购买和使用非遗商品，既可享受商品的物质属性，又可体验和传承非遗商品背后的文化精髓。

同学们可以登录中国非物质文化遗产网·中国非物质文化遗产数字博物馆（https://www.ihchina.cn）了解更多与非遗相关的知识和故事。

> **学习探究**
>
> 搜索并查看国家标准《无障碍旅游服务规范 旅游饭店》《旅游餐馆设施与服务要求》和行业标准《精品旅游饭店》的相关内容，看看这些标准是如何助燃大众旅游消费的。
>
> _____

3. 地方标准

为满足地方自然条件、风俗习惯等特殊技术要求，可以制定地方标准。

地方标准由省、自治区、直辖市人民政府标准化行政主管部门制定；设区的市级人民政府标准化行政主管部门根据本行政区域的特殊需要，经所在地省、自治区、直辖市人民政府标准化行政主管部门批准，可以制定本行政区域的地方标准。地方标准由省、自治区、直辖市人民政府标准化行政主管部门报国务院标准化行政主管部门备案，由国务院标准化行政主管部门通报国务院有关行政主管部门。

> **知识拓展**
>
> **黑龙江省地方标准《冰雪装备产业质量对标达标提升工作指南》通过专家审定**
>
> 为推动黑龙江省冰雪装备产品对标达标起草的《冰雪装备产业质量对标达标提升工作指南》（DB23/T 3603—2023）顺利通过专家审定。该标准提供了冰雪装备产业质量对标达标提升工作的工作原则、工作目标、工作流程、工作程序和评价与改进方面的指导，有利于提升冰雪装备产品质量水平，增加产品的竞争力，推动冰雪装备产业发展和升级。该标准的实施从经济效益方面看，有利于提升冰雪装备产业质量对标达标的工作质量水平，增加产品的竞争力，提升企业的市场份额和销售额；有利于实现标准化引领产品和服务质量的提升，助推冰雪产业发展质量稳步提高；可以促进技术创新和产品升级，推动产业的发展和升级，增加企业的利润空间、提高企业的声誉和品牌形象，增强消费者对产品的信任和忠诚度。从社会效益方面看，有利于提升冰雪装备产业质量对标达标的产品的安全性和可靠性，减少事故和伤害的发生，保护消费者的生命财产安全。

4. 团体标准

国家鼓励学会、协会、商会、联合会、产业技术联盟等社会团体协调相关市场主体共同制定满足市场和创新需要的团体标准，由本团体成员约定采用或者按照本团体的规定供社会自愿采用。制定团体标准，应当遵循开放、透明、公平的原则，保证各参与主体获取相关信息，反映各参与主体的共同需求，并应当组织对标准相关事项进行调查分析、实验、论证。

> **知识拓展** 中国蔬菜协会团体标准T/CVA 3—2023
>
> 娃娃菜水肥一体化技术规程（节选）
> 5 水肥一体化管理
> 5.1 灌溉制度
> 根据娃娃菜各生育阶段的需水规律、多年平均降雨、土壤水分控制条件确定灌水次数、灌溉间隔和灌水定额，制定灌溉制度。
> 春夏茬娃娃菜全生育期灌溉6次～10次，灌溉定额为50m^3～80m^3；秋冬茬娃娃菜全生育期灌溉7次～13次，灌溉定额为60m^3～130m^3。
> 5.2 施肥制度
> 5.2.1 施肥原则
> 应按照目标产量、娃娃菜需肥规律、土壤养分状况、上季作物施肥量等确定施肥制度。肥料应符合NY/T 496、NY/T 2266的规定。
> 5.2.2 底肥
> 移栽前1天应施入微生物菌剂1500 kg/667m^2作底肥。
> 5.2.3 施肥量
> 在苗期、莲座期、结球期，进行水肥一体化施肥3次。收获前期，喷施叶面肥1次。根施时应先滴水10min～15min，待压力稳定后再施肥，施肥完成后再滴清水5min～10min。
> 5.3 系统使用维护
> 应定期检查及时维修系统设备，防止漏水使娃娃菜灌水不均匀。娃娃菜生育期第一次和最后一次灌溉时要冲洗系统。每灌溉2次～3次应冲洗1次。

5. 企业标准

企业标准是指企业根据需要自行制定企业标准，或者与其他企业联合制定企业标准。企业标准是在该企业范围内统一使用的标准，是企业组织生产、经营活动的依据。

国家鼓励社会团体、企业制定高于推荐性标准相关技术要求的团体标准、企业标准。同时，推荐性国家标准、行业标准、地方标准、团体标准、企业标准的技术要求不得低于强制性国家标准的相关技术要求。

4.2.2 我国商品标准的编号

1. 国家标准的编号

国家标准的编号是由国家标准代号、标准序号、标准发布年号三部分组成。由于国家标准分为强制性国家标准和推荐性国家标准两种，因此，国家标准代号也有两种表现形式。强制性国家标准代号由"国标"二字的汉语拼音的第一个字母组成，即"GB"。推荐性国家标准代号是在强制性国家标准代号后添加一个斜杠和大写英文字母"T"。值得注意的是，凡是"推荐性标准"，它的代号构成方法均与此相同。

知识拓展　　　　　　　国家标准实例解析

编号1：GB 31608—2023的含义

GB　　31608　　—　　2023
- 强制性国家标准代号
- 国家标准序号
- 国家标准发布年号

编号1表示：2023年发布的第31608号强制性国家标准。

编号2：GB 458—89的含义

GB　　458　　—　　89
- 强制性国家标准代号
- 国家标准序号
- 国家标准发布年号

编号2表示：1989年发布的第458号强制性国家标准。

注意：标准发布的年号有两种表现形式，1996年以前发布的标准用两位数字表示，而1996年以后发布的标准要用四位数字表示。

编号3：GB/T 27000—2023的含义

GB/T　　27000　　—　　2023
- 推荐性国家标准代号
- 国家标准序号
- 国家标准发布年号

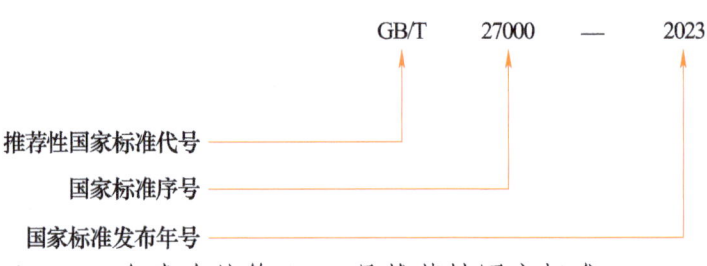

编号3表示：2023年发布的第27000号推荐性国家标准。

2. 行业标准的编号

行业标准的编号是由行业标准代号、标准序号、标准发布年号组成。行业标准代号由国务院标准化行政主管部门即国家标准化委员会制定。表4-1为我国行业标准代号表。

表4-1 中华人民共和国行业标准代号

序号	行业标准名称	行业标准代号
1	安全生产	AQ
2	包装	BB
3	船舶	CB
4	测绘	CH
5	城镇建设	CJ
6	新闻出版	CY
7	档案	DA
8	地震	DB
9	电力	DL
10	电影	DY
11	地质矿产	DZ
12	核工业	EJ
13	纺织	FZ
14	公共安全	GA
15	国家物资储备	GC
16	供销合作	GH
17	国密	GM
18	广播电视和网络视听	GY
19	航空	HB
20	化工	HG
21	环境保护	HJ
22	海关	HS
23	海洋	HY
24	机械	JB
25	建材	JC
26	建筑工程	JG
27	金融	JR
28	机关事务	JS
29	交通	JT
30	教育	JY
31	矿山安全	KA
32	旅游	LB
33	劳动和劳动安全	LD
34	粮食	LS

（续）

序号	行业标准名称	行业标准代号
35	林业	LY
36	民用航空	MH
37	市场监管	MR
38	煤炭	MT
39	民政	MZ
40	能源	NB
41	农业	NY
42	轻工	QB
43	汽车	QC
44	航天	QJ
45	气象	QX
46	认证认可	RB
47	国内贸易	SB
48	水产	SC
49	司法	SF
50	石油化工	SH
51	电子	SJ
52	水利	SL
53	出入境检验检疫	SN
54	税务	SW
55	石油天然气	SY
56	铁路运输	TB
57	土地管理	TD
58	体育	TY
59	物资管理	WB
60	文化	WH
61	兵工民用	WJ
62	外经贸	WM
63	卫生	WS
64	文物保护	WW
65	稀土	XB
66	消防救援	XF
67	黑色冶金	YB
68	烟草	YC
69	通信	YD
70	减灾救灾与综合性应急管理	YJ
71	有色金属	YS
72	医药	YY
73	邮政	YZ
74	中医药	ZY

2017年修订的《中华人民共和国标准化法》加强了强制性标准的统一管理，仅保留了强制性国家标准，取消了强制性行业标准和强制性地方标准，行业标准和地方标准为推荐性标准。因此，行业标准和地方标准代号后要加"/T"。

知识拓展　　　　　行业标准实例解析

编号：SB/T 11236—2023的含义

　　　　　　　　　　　　　　　　SB/T　　11236　　—　　2023

推荐性行业标准代号
行业标准序号
行业标准发布年号

该编号表示：2023年发布的第11236号推荐性国内贸易行业标准。

新规速览

电动自行车多项新标准实施

根据工业和信息化部发布的2023年第7号公告，电动自行车行业迎来全国性四项新标准于2023年11月1日起实施。四项新标准包括：《自行车车把》（QB/T 1715—2023）、《电动自行车用锂电池》（QB/T 4428—2023）、《电动自行车总线》（QB/T 5869—2023）、《电动车电子控制单元》（QB/T 5870—2023）。四项新标准影响电动自行车生产、销售、出行各个方面。近年来，电动自行车已成为老百姓出行的重要工具，电动自行车在给生活带来便利的同时，也带来了不少的安全隐患。此次全国性新规的出台，将进一步完善电动自行车的标准体系，从源头确保产品质量，引导消费者使用合规车辆，加速行业规范化、合理化、合法化发展进程。

11月1日起，电动自行车多项新标准实施，对电动自行车的设计制造、安全性能、电池系统和标识等方面提出了明确规定，涉及车把、锂电池、总线、电子控制系统，提高其安全性。

3. 地方标准的编号

地方标准的编号是由地方标准代号、地区代码、标准序号、标准发布年号组成。由于取消了强制性地方标准，目前仅有推荐性地方标准，该代号由"地标"二字的汉语拼音首字母组成，即"DB/T"。地区代码为各省级行政区划数字码的前两位数字。表4-2所示为我国各行政区划数字码。

表4-2　我国各省、自治区、直辖市、特别行政区代码表

名称	数字码	名称	数字码
北京市	110000	湖南省	430000
天津市	120000	广东省	440000
河北省	130000	广西壮族自治区	450000
山西省	140000	海南省	460000
内蒙古自治区	150000	重庆市	500000
辽宁省	210000	四川省	510000
吉林省	220000	贵州省	520000
黑龙江省	230000	云南省	530000
上海市	310000	西藏自治区	540000
江苏省	320000	陕西省	610000
浙江省	330000	甘肃省	620000
安徽省	340000	青海省	630000
福建省	350000	宁夏回族自治区	640000
江西省	360000	新疆维吾尔自治区	650000
山东省	370000	台湾省	710000
河南省	410000	香港特别行政区	810000
湖北省	420000	澳门特别行政区	820000

注：内容来源于国家标准《中华人民共和国行政区划代码》（GB/T 2260—2007）。

知识拓展　　　　地方标准实例解析

编号：DB43/T 2648—2023的含义

DB　43　/T　2648　—　2023

- 地方标准代号
- 地区代码
- 推荐性标准标志
- 地方标准序号
- 标准发布年号

该编号表示：2023年发布的第2648号推荐性湖南省地方标准。

4. 团体标准的编号

团体标准的编号是由团体标准代号、团体代号、标准序号、标准发布年号组

成。团体标准代号为"T",团体代号由各团体自主拟订,代表各自社会团体名称的含义,应合法且唯一,不得与现有代号重复,宜全部使用大写拉丁字母或大写拉丁字母与阿拉伯数字的组合,最好不要以阿拉伯数字结尾。团体代号可登录全国团体标准信息平台进行查询。

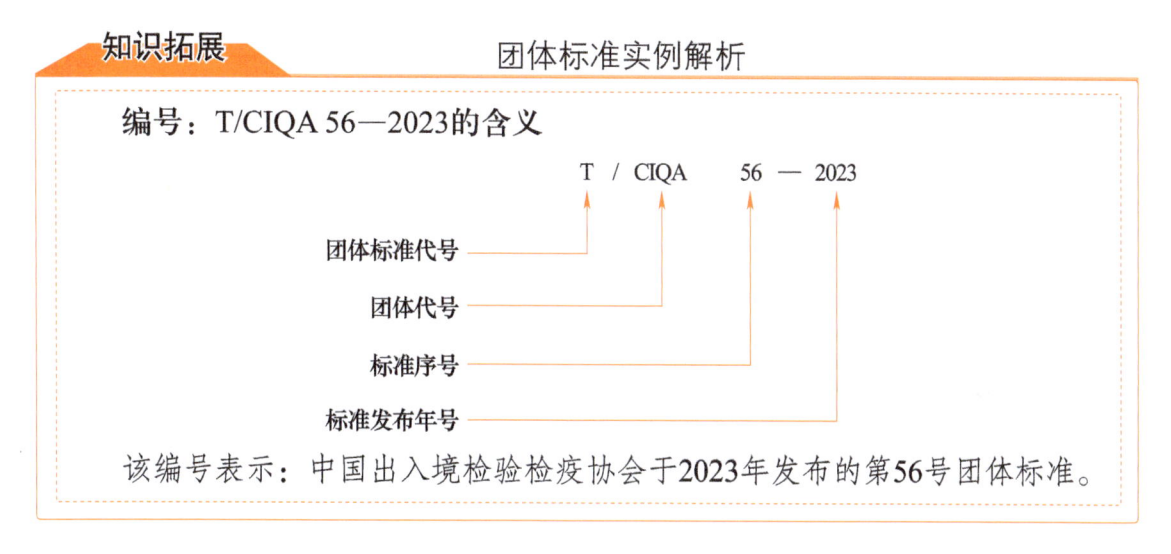

> **知识拓展** 团体标准实例解析
>
> 编号:T/CIQA 56—2023 的含义
>
> T / CIQA 56 — 2023
> - T:团体标准代号
> - CIQA:团体代号
> - 56:标准序号
> - 2023:标准发布年号
>
> 该编号表示:中国出入境检验检疫协会于2023年发布的第56号团体标准。

5. 企业标准的编号

企业标准的编号由企业标准代号"Q"和斜线加企业代号、标准序号、发布年号组成。企业代号的规定又分两种情况:一是凡中央所属企业的企业代号,由国务院有关行政主管部门规定;二是各地方所属企业的企业代号,由所在省、自治区、直辖市政府标准化行政主管部门规定。企业代号可用汉语拼音、阿拉伯数字或两者兼用表示。

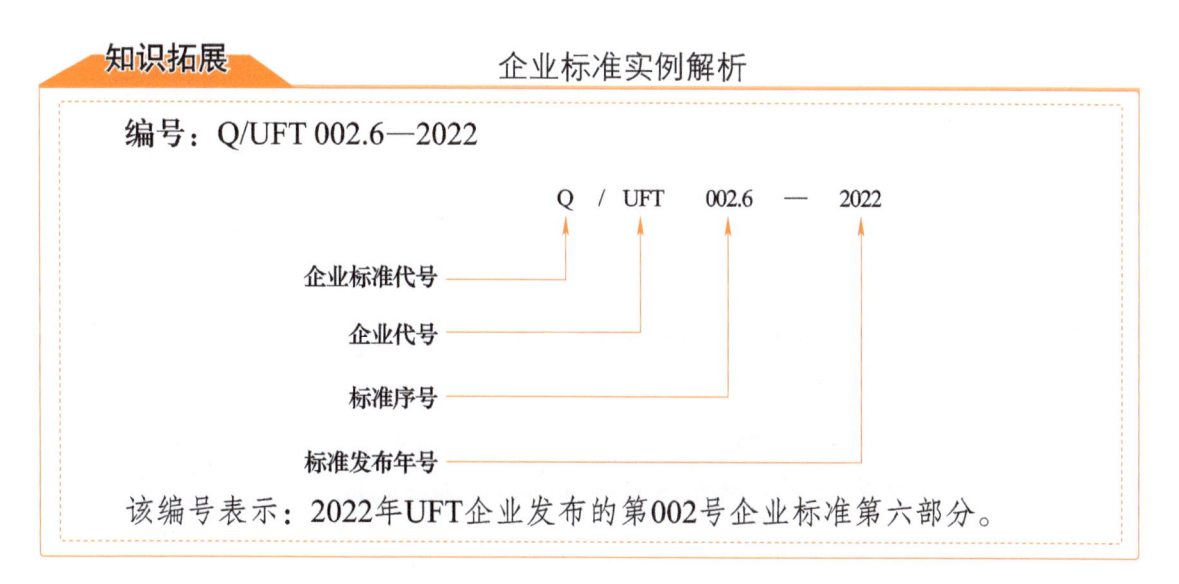

> **知识拓展** 企业标准实例解析
>
> 编号:Q/UFT 002.6—2022
>
> Q / UFT 002.6 — 2022
> - Q:企业标准代号
> - UFT:企业代号
> - 002.6:标准序号
> - 2022:标准发布年号
>
> 该编号表示:2022年UFT企业发布的第002号企业标准第六部分。

国家标准、行业标准、地方标准、团体标准和企业标准五者共同构成了我国的标准体系，在上下级标准之间，不允许下级标准与上级标准相抵触。

行业动态

智享科技——5G-A相关标准助力打开新时代想象空间

5.5G是介于5G和6G之间的一个过渡阶段，也被称为5G-Advanced，即5G-A，是基于第五代移动通信网络（5G）演进和增强而来，通过多载波聚合、轻量化、通感一体等新技术实现容量和连接上的提升，网络能力较5G提升10倍，将为高清视频、网络直播、裸眼3D、VR等业务体验带来质的飞跃。5G-A配有毫秒级的资源和厘米级的定位能力，同时引入了通感一体、无源物联、内生智能等革命性技术，能够更好地匹配车联网、高端制造、城市感知等场景，有效支撑数字化应用规模增长和创新发展。5G-A将为发展新质生产力提供更强大的数字动能。

2023年杭州亚运会上首次探索使用5.5G新技术，在杭州奥体中心体育场（又称"大莲花"）的开幕式现场打造了高容量弹性自呼吸的5.5G网络。全场8万观众和媒体朋友们体验到了如行云流水般的网速。

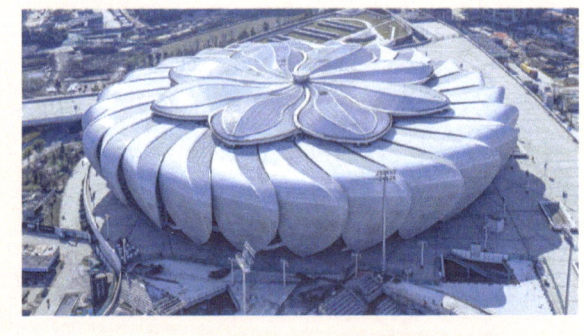

杭州奥体中心体育场

2024年年初，5G-A在洱海完成通感一体低空试点；北京联通携手华为完成了5G-A规模组网示范，实现了市中心金融街、历史建筑长话大楼、大型综合性体育场北京工人体育场三个重点场景的连片覆盖；2024年世界移动通信大会（MWC 2024）在西班牙巴塞罗那开幕，其中，以华为、中兴通信等为代表的中国企业在5G-A的布局和比拼中占据了主导地位。2024年是5G-A的商用元年，中国移动将从2024年开始构建5G-A商业模式，完善5G-A基础设施，推广5G-A应用场景，加强5G-A产业生态，争取到2026年年底实现5G-A的全量商用。

5.5G是一个关键的发展阶段，是5G网络演进的必然之路，它不仅继承了5G的优点，还为未来的6G技术奠定了基础。通过不断的技术创新和应用拓展，5.5G有望为用户带来更加丰富和便捷的通信体验。

4.3 商品质量认证

4.3.1 商品质量认证的概念和作用

1. 商品质量认证的概念

商品质量认证是指经法定认证机构，依据具有国际先进水平的产品标准和技术要求，经过独立评审，对于符合条件的产品，颁发认证证书和认证标志，从而证明该商品达到相应标准的制度，其中包括认证和认可两类活动。

认证是指由认证机构证明商品、服务、管理体系符合相关技术规范、相关技术规范的强制性要求或者标准的合格评定活动。

认可是指由认可机构对认证机构、检查机构、实验室以及从事评审、审核等认证活动人员的能力和执业资格，予以承认的合格评定活动。

2020年修订的《中华人民共和国认证认可条例》中规定：认证认可活动应当遵循客观独立、公开公正、诚实信用的原则。国家鼓励平等互利地开展认证认可国际互认活动。认证认可国际互认活动不得损害国家安全和社会公共利益。

> **拓展阅读**
>
> 加强质量认证体系建设、促进全面质量管理
>
> 《国务院关于加强质量认证体系建设促进全面质量管理的意见》（国发〔2018〕3号）指出：质量认证是市场经济条件下加强质量管理、提高市场效率的基础性制度。近年来，我国质量认证制度不断完善，行业机构蓬勃发展，国际交流合作不断深化。同时，还存在认证服务供给不足、认证评价活动亟须规范、社会认知与应用程度不高等问题。加强质量认证体系建设、促进全面质量管理，对于深入推进供给侧结构性改革和"放管服"改革，全面实施质量强国战略具有重要意义。

2. 商品质量认证的作用

商品质量认证促进了产品质量的提高，有利于提高商品的信誉和商品的竞争力；同时，商品质量认证为商品提供了质量信息，有利于减少社会重复检验评价费用。

4.3.2 质量认证体系

1. ISO 9001质量体系认证

ISO 9001是国际标准化组织（ISO）制定的质量管理体系国际标准。ISO 9001

标准为组织的质量管理体系提出了具体要求，通过目标管理，倡导强调需求、增值、流程绩效和有效性及持续改进的过程方法。ISO 9001:2015版系列标准更加通用，适用于各种类型、不同规模和提供不同产品和服务的组织。

采用质量管理体系是组织的一项战略决策，能够帮助其提高内部管理水平和整体绩效，并证实组织具有提供既满足顾客要求又满足适用法规要求的产品和服务的能力，为推动组织可持续发展奠定良好基础。

通过中国质量认证中心（简称CQC）提供的质量管理体系认证，在证明组织内部运行了有效的质量管理体系的同时，还可获得如下益处：①稳定提供满足顾客要求以及适用的法律法规要求的产品和服务的能力；②促成增强顾客满意的机会；③应对与其环境和目标相关的风险和机遇；④证实符合规定的质量管理体系要求的能力。

2. ISO 45001职业健康安全管理体系认证

2020年3月，国家市场监督管理总局和国家标准化管理委员会发布了国家标准《职业健康安全管理体系要求及使用指南》（GB/T 45001—2020），该标准是我国职业健康安全管理体系领域最新的国家标准。该标准等同采用《职业健康安全管理体系要求及使用指南》（ISO 45001:2018），并替代《职业健康安全管理体系要求》（GB/T 28001—2011）和《职业健康安全管理体系实施指南》（GB/T 28002—2011）两个标准。

职业健康安全管理体系的目的和预期结果是防止对工作人员造成与工作相关的伤害和健康损害，并提供健康安全的工作场所。因此，对组织而言，采取有效的预防和保护措施以消除危险源和最大限度地降低职业健康安全风险至关重要。职业健康安全管理体系的作用就是为组织管理职业健康安全风险和机遇提供一个框架。

GB/T 45001—2020（ISO 45001:2018）标准为各类组织提供了结构化的运行机制，并建立在行之有效的管理原则——"策划、实施、检查、改进"（PDCA）的基础上。标准要求组织确定和评价职业健康安全风险、职业健康安全机遇以及其他风险和机遇，制定职业健康安全目标并建立所需的过程，以实现与组织职业健康安全管理方针相一致的结果。标准的有效实施将有助于组织提升其职业健康安全绩效、有助于组织满足法律法规和其他要求。

通过CQC提供的职业健康安全管理体系认证，在证明组织内部运行了有效的职业健康安全管理体系的同时，还可以帮助组织达成以下目标：①改善安全生产管理，消除或降低职业健康安全风险，推动职业健康安全持续改进；②有系统地贯彻执行职业健康安全法规和制度，从而提高组织职业健康安全管理水平和职业健康安全绩效；③有助于消除贸易壁垒，对企业产生直接和间接的经济效益；④在社会上树立企业良好的品质和形象。

3. ISO 14001环境体系认证

随着法律法规的日趋严格，以及因污染、资源的低效使用、废物管理不当、气候变化、生态系统退化、生物多样性的减少等给环境造成的压力越来越大，社会对可持续发展、透明度以及问责制的期望值已发生了变化。这使得各组织力图通过实施环境管理体系，采用一种系统的方法来进行环境管理，以期为"环境支柱"的可持续性做出贡献，ISO 14001标准就是在这种背景下产生的。

ISO 14001标准的特性使之适用于任何类型与规模的组织，并适用于各种地理、文化和社会环境，是一个真正的通用标准，在全球范围内被广泛应用。该标准提供了一个框架，引导组织按照PDCA（策划、实施、检查、改进）的模式建立环境管理的自我约束机制，从最高领导到每个职工都以主动、自觉的精神处理好自身发展与环境保护的关系，响应变化的环境条件，不断改善环境绩效，进行有效的污染预防，最终实现组织的良性发展。

通过CQC提供的环境管理体系认证，在证明组织内部运行了有效的环境管理体系的同时，还可以帮助组织达成以下目标：①预防或减少不利环境影响以保护环境；②减轻环境状况可能对组织造成的不利影响；③帮助组织履行合规义务；④提升环境绩效；⑤运用生命周期的观点来控制或影响组织的设计、制造、交付、消费以及产品废弃和服务的方式，以防止环境影响被无意地转移到生命周期的其他阶段；⑥实施环境友好且可巩固组织市场地位的备选方案，以获得财务与运营收益；⑦与有关相关方交流环境信息。

4. ISO 13485认证

ISO 13485认证是适用于医疗器械法规环境下的质量管理体系标准，全称为《医疗器械质量管理体系用于法规的要求》。1996年ISO 13485首次发布；2003年，ISO/TC 210（ISO/TC 210是国际标准化组织负责包括医疗器械在内具有健康目的产品的质量管理和通用要求标准化工作的技术委员会）发布了《医疗器械质量管理体系用于法规的要求》（ISO 13485:2003），其作为独立标准，应用于医疗器械领域；2015年，ISO/TC 210再次修订该标准，2016年3月ISO 13485:2016正式发布。

在国际上，医疗器械不仅是在商业环境中运行的一般上市商品，还要受到国家和地区法律、法规的监督管理，如美国的FDA、欧盟的MDD（欧盟医疗器械指令)、我国的《医疗器械监管条例》。因此,该标准必须受法律约束,在法规环境下运行,同时还须充分考虑医疗器械产品的风险,要求在医疗器械产品实现全过程中进行风险管理。

通过CQC提供的医疗器械质量管理体系认证,可以帮助组织达成以下目标:①提高和改善企业的管理水平,规避法律风险,增加企业的知名度;②提高和保证产品的质量水平,增强产品的竞争力,使企业获取更大的经济效益;③通过有效的风险管理,有效降低产品出现质量事故或不良事件的风险;④有利于消除贸易壁垒,取得进入国际市场的通行证;⑤提高员工的责任感、积极性和奉献精神。

5. 商品售后服务评价认证

在当前产品同质化、技术同质化、竞争白热化的时代,售后服务是对企业生存具有决定性的影响因素之一。售后服务认证是我国批准的第一个全国性、全行业服务类认证。商品售后服务水平提升是企业可持续发展的必然要求。

《商品售后服务评价体系》(GB/T 27922—2011)是2011年12月30日发布,2012年2月1日实施的国家标准。该标准规定了构成商品售后服务体系的基本要素,包括原则、指标和方法等,通过对企业的服务体系、商品服务、顾客服务三大方面进行评价,并按评价的分值来衡量服务能力水平的高低,以星级评价的方式进行展现。

获得CQC的商品售后服务认证,可以帮助企业达成以下目标:①建立更为系统、完善、有效的商品售后服务管理体系,提升企业的售后服务水平和意识;②增强组织在国内和国际市场的竞争力,对实现组织品牌战略提供重要保障;③促进销售业绩,增强顾客购买产品信心,赢得更多的市场机会;④展示组织售后服务能力水平,提升组织形象。

常见质量认证体系见图4-1。

ISO 9001认证	ISO 14001认证	ISO 45001认证
能源管理体系认证	ISO/IEC 27001	ISO/IEC 20000认证
ISO 13485认证	ISO 10015认证	IATF 16949	IQNET
SA 8000认证	IQNet SR10认证	HSE评价
供应链安全管理体系认证	资产管理体系认证	业务连续性管理体系认证
商品售后服务评价	物流服务认证与评价	知识产权管理体系认证
合规管理体系认证	测量管理体系认证

图4-1 常见质量认证体系

4.3.3　我国商品质量认证标志

1. 强制性商品质量认证标志

2009年，原国家质量监督检验检疫总局发布《强制性产品认证管理规定》（以下简称《规定》），以规范强制性产品认证工作，提高认证有效性。《规定》指出：国家规定的相关产品必须经过认证并标注认证标志后，方可出厂、销售、进口或者在其他经营活动中使用。中国强制性产品认证简称CCC认证或3C认证，是一种法定的强制性安全认证制度，也是国际上广泛采用的保护消费者权益、维护消费者人身财产安全的基本做法。

强制性商品质量认证是我国政府按照世贸组织有关协议和国际通行规则，为保护广大消费者人身和动植物生命安全，保护环境、保护国家安全，依照法律法规实施的一种产品合格评定制度。截至2024年4月，CCC认证制度共覆盖16大类96种产品，包括家用电子电器、汽车、玩具等涉及社会大众日常生活的消费类工业产品，在促进产品安全质量提升、保护消费者权益等方面发挥了重要作用。CCC认证主要是试图通过"统一产品目录，统一技术规范的强制性要求、标准和合格评定程序，统一认证标志，统一收费标准"等一揽子解决方案，彻底解决长期以来中国产品认证制度中出现的政出多门、重复评审、重复收费以及认证行为与执法行为不分的问题，并建立与国际规则相一致的技术法规、标准和合格评定程序，可促进贸易便利化和自由化。目前，CCC产品认证范围有：电线电缆、电路开关及保护或连接用电器装置、家用和类似用途设备、电子产品及安全附件、照明设备、车辆及安全附件、建材产品、儿童用品、防爆电气、家用燃气具。

> **知识拓展**　　　　　家用燃气具CCC产品认证明细
>
> | 产品小类 | 产品名称 | 实施规则、实施细则 |
> |---|---|---|
> | 2401 | 家用燃气灶具 | CNCA-C24-01:2021《强制性产品认证实施规则 家用燃气器具》 |
> | 2402 | 家用燃气快速热水器 | CQC-C24-01-2021《强制性产品认证实施规则 家用燃气器具》 |
> | 2403 | 燃气采暖热水炉 | |

强制性商品质量认证标志的式样由基本图案（见图4-2）、认证种类标注组成。基本图案中"CCC"为"中国强制性认证"的英文名称"China Compulsory Certification"的英文缩写。在认证标志基本图案的右侧标注认证种类，由代表该产品认证种类的英文单词的缩写字母组成。目前我国规定了四种CCC认证，它们分别是：①安全认证标志，后缀标识为"S"；②消防认证标志，后缀标识为

"F"；③安全与电磁兼容标志，后缀标识是"S&E"；④电磁兼容标志，后缀标识为"EMC"。

图4-2 基本图案

图4-3 认证标志

行业动态

锂电池、充电宝质量安全有了"新保险"

2023年7月，国家市场监管总局发布公告，自2023年8月1日起对锂离子电池和电池组、移动电源实施CCC认证管理。自2024年8月1日起，未获得CCC认证证书和标注认证标志的，不得出厂、销售、进口或者在其他经营活动中使用。

根据国家市场监管总局的产品质量国家监督抽查结果，移动电话用锂离子电池合格率不足90%，移动电源合格率一直徘徊在60%至80%之间。由于锂电池、充电宝本身所具有的化学特性，当产品生产工艺和结构不符合国家标准等技术要求时，或者在运输、使用环节，遭受极端高低温、严重磕碰、长时间过充等特殊情形，很容易发生热失控，造成电池鼓胀进而引发起火、爆炸、过热或者漏液等安全问题，直接危害人身健康安全。

2. QS质量安全认证标志

我国从2004年开始，在食品生产领域推行质量安全市场准入制度，使用QS标志。QS是英文Quality Safety（质量安全）的缩写。2010年6月1日起，根据原国家质量监督检验检疫总局《关于使用企业食品生产许可证标志有关事项的公告》，食品包装袋上的QS标志下方的"质量安全"变为"生产许可"。2015年10月1日，新修订的《中华人民共和国食品安全法》开始施行，作为其配套规章，原国家食品药品监督管理总局制定的《食品生产许可管理办法》（以下简称《办法》）也同步实施，《办法》规定使用食品生产许可证编号替代"QS"标志。

食品生产许可证编号由SC（"生产"的字母拼音字母缩写）和14位阿拉伯数字组成。从2018年10月1日及以后，食品生产者生产的食品一律不得继续使用标有"QS"证书编号和"QS"标志的旧版包装（见图4-4）。

图4-4　质量安全认证标志演变

3. 绿色食品标志

绿色食品并非指颜色是绿色的食品，而是我国对无污染的、安全的、优质的、营养类食品的总称。绿色食品标志是由中国绿色食品发展中心在原国家工商行政管理总局商标局正式注册的质量证明标志。它由三部分构成，即上方的太阳、下方的叶片和中心的蓓蕾，象征自然生态；颜色为绿色，象征着生命、农业、环保；图形为正圆形，意为保护（见图4-5）。

图4-5　绿色食品标志

中国绿色食品发展中心对许可使用绿色食品标志的产品进行统一编号，并颁发绿色食品标志使用证书。根据2009年8月1日起实施的新编号制度，绿色食品的编号形式为：GFXXXXXXXXXXXX。"GF"是绿色食品英文"Greed Food"的首字母缩写组合，后面为12位阿拉伯数字，其中前六位数代表地区代码（按行政区划编制到县级），中间两位为企业获证年份，最后四位数是当年获证企业序号。绿色食品认证范围可参照绿色食品产品适用标准目录（2023版）见表4-3。

表4-3　绿色食品产品适用标准目录（2023版节选）

一、种植业产品标准			
序号	标准名称	适用产品名称	适用产品别名及说明
1	绿色食品 豆类 NY/T 285—2021	大豆	黄豆、黄大豆、黑豆、黑大豆、乌豆、青豆等
		蚕豆	胡豆、佛豆、罗汉豆
		绿豆	菉豆、植豆、青小豆

（续）

序号	标准名称	适用产品名称	适用产品别名及说明
1	绿色食品 豆类 NY/T 285—2021	小豆	赤豆、红小豆、米赤豆、朱豆
		芸豆	普通菜豆、干菜豆、腰豆
		豇豆	长豆、角豆
		豌豆	雪豆、毕豆、寒豆、荷兰豆
		饭豆	米豆、精米豆、爬山豆
		小扁豆	兵豆、滨豆、洋扁豆、鸡眼豆
		鹰嘴豆	鹰咀豆、鸡豆、桃豆、回鹘豆、回回豆、脑核豆
		木豆	树豆、扭豆、豆蓉
		羽扇豆	鲁冰花
		利马豆	棉豆、懒人豆、荷包豆、白豆
2	绿色食品 茶叶 NY/T 288—2018	绿茶	包括各种绿茶及以绿茶为原料的窨制花茶
		红茶	
		青茶（乌龙茶）	
		黄茶	
		白茶	
		黑茶	普洱茶、紧压茶
3	绿色食品 代用茶 NY/T 2140-2015	代用茶	选用除茶以外，由国家行政主管部门公布的可用于食品的植物花及花蕾、芽叶、果（实）、根茎等为原料，经加工制作，采用冲泡（浸泡或煮）的方式，供人们饮用的产品。涉及保健食品的应符合国家相关规定

中国绿色食品发展中心对每一个批准使用绿色食品标志的产品都给其一个特定的编号，以确定其身份。绿色食品标志、文字和使用标志的企业信息码，组成整体的绿色食品标志系列图形。该系列图形应严格按规范设计，出现在产品包装（标签）的醒目位置，通常置于最上方，和整个包装（标签）保持一定的比例关系，不得透叠其他色彩图形。企业信息码应以该企业获得的标志许可使用证书为准，其后附"经中国绿色食品发展中心许可使用绿色食品标志"的说明，并须与标志图形出现在同一视野。

知识拓展　　绿色食品标准体系

绿色食品标准体系是绿色食品发展理念的技术载体，是绿色食品生产和管理的技术指南，是绿色食品行业高质量发展的技术保障。我国立足精品定位，瞄准国际先进水平，按照"安全与优质并重、先进性和实用性相结合"的原则，注重落实"从土地到餐桌"的全程质量控制理念，建立了一套定位准确、结构合理、特色鲜明的标准体系，包括产地环境质量标准、生产技术标准、产品标准、包装储运标准等四个部分，对绿色食品生产的产前、产中和产后全过程各生产环节进行规范。

截至2023年，有效绿色食品标准143项。这些标准的颁布实施，为指导和规范绿色食品的生产行为、质量技术检测、标志许可审查和证后监管提供了依据和准绳，为促进绿色食品事业高质量发展发挥了不可替代的作用。

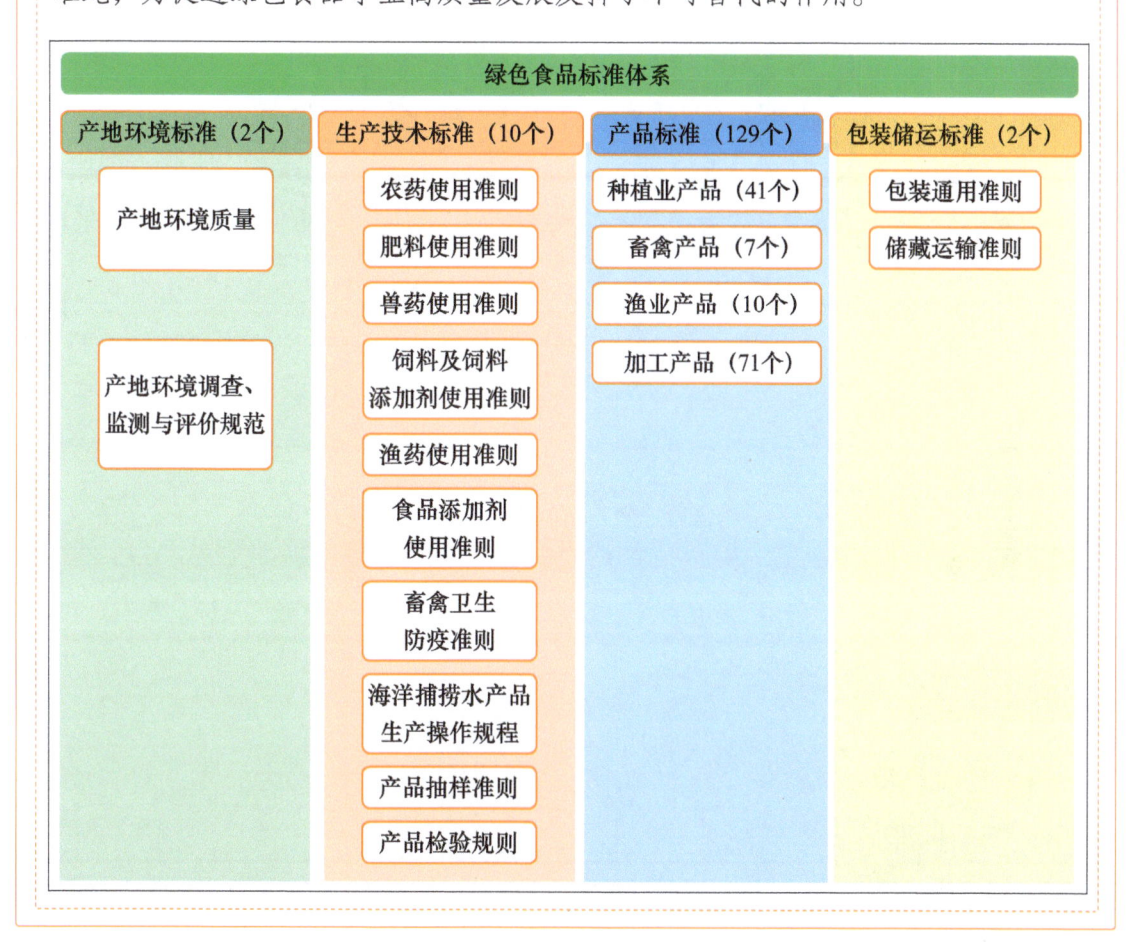

绿色食品标准体系			
产地环境标准（2个）	生产技术标准（10个）	产品标准（129个）	包装储运标准（2个）
产地环境质量	农药使用准则	种植业产品（41个）	包装通用准则
	肥料使用准则	畜禽产品（7个）	储藏运输准则
	兽药使用准则	渔业产品（10个）	
产地环境调查、监测与评价规范	饲料及饲料添加剂使用准则	加工产品（71个）	
	渔药使用准则		
	食品添加剂使用准则		
	畜禽卫生防疫准则		
	海洋捕捞水产品生产操作规程		
	产品抽样准则		
	产品检验规则		

4. 中国环境标志

中国环境标志（俗称"十环"），其标志图形由中心的青山、绿水、太阳及周围的十个环组成（见图4-6）。图形的中心结构表示人类赖以生存的环境，外围的十个环紧密结合、环环紧扣，表示公众参与，共同保护环境；同时十个环的"环"字与环境的"环"同字，其寓意为"全民联合起来，共同保护人类赖以生存的环境"。

中国环境标志是产品或其包装上的一种"证明性商标",它表明产品不仅质量合格,而且符合特定的环保要求,与同类产品相比,具有低毒少害、节约资源、能源等环境优势。"十环"认证产品种类主要包括家具、建筑材料(水性涂料、溶剂型涂料、木地板、黏合剂、壁纸、陶瓷砖、卫生陶瓷、门窗、水泥、混凝土、墙体板材等)、家用电器(冰箱、电视机、洗衣机、空调、节能灯)、日用品、纺织品、汽车、办公设备(计算机、复印机、打印机、传真机等)、油墨、再生鼓粉盒、生态住宅、太阳能(热水系统、集热器)等。

单色标识　　　　　　　双色标识

图4-6　中国环境标志

知识与技能训练

知识小测

一、名词解释

1. 商品标准
2. 商品标准化

二、不定项选择题

1. 按标准的表现形式分类,可分为(　　)。

   A. 文件标准　B. 国家标准　C. 实物标准　D. 推荐性标准

2. 我国商品标准可划分为(　　)五级。

   A. 国家标准　B. 行业标准　C. 地方标准　D. 团体标准

   E. 企业标准

3. 以下商品可以申报绿色食品认证的有（　　）。
   A．面粉　　　B．香烟　　　C．矿泉水　　　D．方面便
4. 强制性商品质量认证标志分为四种，其中标有"S"符号的标志代表（　　）。
   A．电磁兼容　　B．安全　　　C．消防　　　D．安全与电磁兼容
5. 影响国家经济技术发展的重要工农业产品，如种子、化肥、农药必须采用（　　）。
   A．国家标准　　B．行业标准　　C．地方标准　　D．企业标准

三、判断题

1. 商品标准是指对商品质量和有关商品质量的各方面所做的统一技术规定。（　　）
2. 文件标准需要经常更新。（　　）
3. "CCC"标志适用于食品类商品。（　　）
4. 证明商品质量认证方式是颁发认证证书和认证标志。（　　）
5. 国家标准必须强制执行。（　　）

案例分析

我国颁发首批无障碍环境认证证书

无障碍环境认证是国家市场监督管理总局和中国残疾人联合会贯彻落实《中华人民共和国无障碍环境建设法》的重要举措之一，认证过程覆盖了从无障碍环境建设设计、无障碍设施设备到运行维护及管理的全过程。

无障碍环境是残疾人、老年人、伤病人、孕妇、儿童等社会群体平等参与社会生活的基本条件，是社会全体成员共享发展成果的基本保障。截至2022年底，我国残疾人约有8500万人，60岁以上老年人达到2.8亿人，对无障碍环境的需求越来越大。但是，我国目前的无障碍环境建设整体水平与经济社会发展成就不能完全匹配，面临许多亟待解决的问题和困难；无障碍理念尚未深入人心、管理模式相对落后，在一定程度上制约着无障碍环境建设的健康发展。

在社会各界的关心支持下，无障碍环境认证制度经历了从无到有的蝶变，2023年9月1日《中华人民共和国无障碍环境建设法》实施，无障碍环境认证制度被写入其中，为无障碍环境认证工作提供了坚实的法律保障。

2023年12月，无障碍环境认证宣贯推广活动在北京举行，10个项目获颁我国首批无障碍环境认证证书，涉及福利及特殊服务建筑、交通建筑、文化建筑等领域。此次活动意义重大，是质量认证在社会公共基础设施建设领域的一次创新应用，无障碍环境认证制度将有效发挥质量认证"传递信任服务发展"的本质作用，提升无障碍环境质量和社会服务效能，彰显质量认证在保障人民群众切身利益、服务文明社会建设等方面的积极作用。

阅读案例回答问题：

1. 查看市场监督管理总局、中国残疾人联合会2022年印发的《无障碍环境认证实施方案》，绘制三个等级的无障碍环境认证标志。

2. 结合生活实际，谈一谈落实《中华人民共和国无障碍环境建设法》的意义何在。

技能训练

识别我国质量认证标志

一、训练内容

结合本章学习的内容，调查并汇总应标有"CCC"认证标志和"绿色食品"标志的商品种类。

二、训练目的

1．能进一步理解"CCC"认证标志和"绿色食品"标志的含义。
2．能归纳总结适合这两种认证标志的商品大类。
3．能有计划、有步骤地开展小组调查。
4．能清晰表达本次调研成果。

三、训练指导

1．布置任务：将教学班学生按3～5人的标准划分成若干个任务小组，以小组的方式完成任务。
2．任务要求：各任务小组需要根据本章课程的学习内容完成该项任务，对标有"CCC"认证标志和"绿色食品"认证标志的商品大类及商品名称进行调查和汇总。
3．课堂陈述：各任务小组成员以图文并茂的书面报告形式上交并陈述调查结果，以便指导今后的购买和消费。

4. 评价效果：各小组代表陈述后，指导老师点评该次技能训练的情况，并给予相应的表扬与奖励。

岗位实战

2022年，我国发布了《羽绒服装》（GB/T 14272—2021）国家标准（以下简称"新国标"），并于2022年4月1日正式实施。同学们自行学习"新国标"知识，并完成相应任务。

任务一：归纳总结新旧国标的差异

旧国标	
新国标	

任务二：总结选购羽绒服的正确方法

方法一	
方法二	
方法三	
方法四	
方法五	

第 5 章　商品包装与标志

学习目标

知识目标
- 能叙述商品包装的概念
- 能结合实际包装案例阐述包装作用
- 能归纳总结包装材料的主要种类及包装技法
- 能复述商品包装标志的主要形式

能力目标
- 会根据商品包装合理化要求提出商品包装改进方案
- 会准确辨别商品包装标志

素养目标
- 养成节能环保习惯,树立绿色低碳意识
- 保持勤俭节约品质

学习导图

- 商品包装与标志
  - 5.1 商品包装概述
    - 5.1.1 商品包装的概念
    - 5.1.2 商品包装的作用
    - 5.1.3 商品包装合理化要求
    - 5.1.4 商品包装的分类
  - 5.2 商品包装材料
    - 5.2.1 塑料包装
    - 5.2.2 纸制品包装
    - 5.2.3 木质包装
    - 5.2.4 金属包装
    - 5.2.5 玻璃与陶瓷包装
    - 5.2.6 复合材料包装
    - 5.2.7 其他包装
  - 5.3 商品包装技法
    - 5.3.1 泡罩包装与贴体包装
    - 5.3.2 真空包装与充气包装
    - 5.3.3 收缩包装
    - 5.3.4 拉伸包装
    - 5.3.5 无菌包装
    - 5.3.6 防潮包装
  - 5.4 商品包装标志
    - 5.4.1 商品销售包装标志
    - 5.4.2 商品运输包装标志

案例导引

让过度包装无处安身

2023年的中秋节，月饼过度包装再度成为百姓茶余饭后的热门话题。中国消费者协会呼吁消费者拒绝购买过度包装月饼和"天价"月饼，提醒消费者要反对奢靡浪费。

商品过度包装是指超出了商品保护、展示、储存、运输等正常功能要求的包装，主要表现为包装层数过多、包装空隙过大、包装成本过高、选材用料不当等。2022年，国家发展和改革委员会等四部门联合发布公告，对单价超过500元的盒装月饼实行重点监管。2023年9月1日，《限制商品过度包装要求 食品和化妆品》（GB 23350—2021）国家标准正式实施，此强制性国家标准对食品和化妆品的过度包装进行了限制，严格规定了包装空隙率、包装层数和包装成本。

在严标准和强监管的作用下，月饼过度包装问题有了明显改观，但仍未杜绝。目前还存在搭售、违规现象。为躲避监管，部分网络店铺将高额商品拆成多次付款，通过支付高额运费方式补差价，或"转场"微信等方式售卖高价豪华礼盒。这些做法不仅增加消费者支出、扰乱市场秩序，而且容易助长奢侈浪费之风，更会消解相关规定和标准的力度。

过度包装屡禁不止，与市场需求、消费心理等因素密不可分。月饼作为我国传统美食，理应坚持大众食品属性。中消协呼吁消费者扭转包装意识，积极践行绿色环保理念，聚焦产品本身，以新需求引领新供给，抵制奢华浪费。治理过度包装是一项长期工程，需要全社会共同努力。有关部门要不断完善相关政策标准，进一步加强监管，严厉查处各类违规行为；有关组织应加强行业自律，引导生产者、经营者贯彻绿色节约理念，着重在月饼品质上多下功夫；广大消费者要争做厉行节约、抵制浪费的实践者和监督者，让过度包装无处安身，共同营造绿色、环保、节约的消费环境。

案例启示：治理过度包装的意义是多方面的，涉及环境保护、资源节约、经济影响以及社会责任、企业责任和社会文化等多个层面。国家应完善相应政策法规，工商部门也要高度重视，媒体要加强宣传引导，帮助消费者树立正确、理性、绿色的消费观念。同时，要确保维权渠道畅通，让民众参与到执法监督中。

基础知识

5.1 商品包装概述

人类使用包装的历史可以追溯到远古时期。早在距今一万年左右的原始社会后期，随着生产技术的提高，生产得到发展，有了剩余物品必须贮存和进行交换，于是开始出现原始包装。最初，人们用葛藤捆扎猎物，用植物的叶、贝壳、兽皮等包裹物品，这是原始包装的雏形。随着劳动技能的提高，人们以植物纤维等制作最原始的篮、筐，用火煅烧泥土制成泥壶、泥碗和泥罐等，用来盛装、保存食物、饮料及其他物品，使包装方便运输、储存与保管的功能得到初步完善。这是古代包装，即原始包装。

自16世纪以来，工业生产迅速发展，特别是19世纪的欧洲产业革命，极大地推动了包装工业的发展，从而为现代包装工业和包装科技的产生和建立奠定了基础。进入20世纪，科技的发展日新月异，新材料、新技术不断出现，聚乙烯、纸、玻璃、铝箔、塑料、复合材料等包装材料被广泛应用，无菌包装、防震包装、防盗包装、保险包装、组合包装、复合包装等技术日益成熟，从多方面强化了包装的功能。目前，电子技术、激光技术、微波技术广泛应用于包装工业，包装设计实现了计算机辅助设计（CAD），包装生产也实现了机械化与自动化生产。

5.1.1 商品包装的概念

我国《包装术语 第1部分：基础》（GB/T 4122.1—2008）中对包装有明确的定义：为在流通过程中保护产品，方便储运，促进销售，按一定的技术方法而采用的容器、材料及辅助物等的总体名称。也指为了达到上述目的而采用容器、材料及辅助物的过程中施加一定方法等的操作活动。

由此可见，商品包装包括两层含义：一是指为了使商品方便运输、储存、促进销售和便于使用，对商品进行包裹、存放的容器和辅助材料，通常叫作包装材料或包装用品，如箱、纸、桶、盒、绳、钉等；二是指对商品进行包裹、存装、打包、装潢的整体操作过程，是包装商品的具体业务，如装箱、扎件、灌瓶等。产品经过包装所形成的总体称为包装体。包装体是一般意义上包装的延伸，它包括从包装产出、产品组合、分发包装产品到废物处理及回收利用，体现了与包装有关的许多部门之间的系统联系。

5.1.2 商品包装的作用

1. 保护功能

包装最基本的功能就是保护商品的质量安全、数量完整。一件商品要经多次流通才能走进商场或其他场所，最终到达消费者手中。这期间，需要经过装卸、运输、储存、陈列、销售等环节。在储运过程中，有诸多因素，如撞击、潮湿、光线、气体、细菌等，都会威胁到商品的安全。包装就是要保护商品不受人为、机械、环境、生物等因素的损害。

2. 便利功能

便利功能是指商品包装便于使用、携带和存放的功能。合理的商品包装应该以"人"为本，站在消费者的角度考虑，这样才能拉近商品与消费者之间的关系，增加消费者的购买欲望、对商品的信任度，也有利于促进消费者与企业之间的沟通与理解。便利功能具体包括：

微课 7
商品包装的作用

（1）时间方便性。科学的包装能为人们的活动节约宝贵的时间，如快餐盒包装、易开包装等。包装上的说明书节省了大量"研究"的时间，给使用带来便利。

（2）空间方便性。例如，盒装方便面、小包装的商品等，使携带方便。

（3）省力方便性。按照人体工程学原理，结合实践经验设计的合理包装，能够节省使用者体力消耗，使人产生一种现代生活的享乐感。

3. 促销功能

包装是"无声的推销员"，包装本身就可以成为优秀的广告。精美的包装会借助精巧的造型、醒目的商标、得体的文字和明快的色彩等艺术语言宣传自己，吸引消费者的视线，激发消费者的购买欲望。这是包装设计主要的功能之一。

> **企业案例**
>
> **江小白，酿造想象力**
>
> 江小白是一款致力于打造传统赋新的高粱酒。为了迎合年轻消费者的口味和审美，江小白以"高粱酒+果味"的巧妙结合推出了果立方系列。不管是从营销，还是包装设计，都玩出了新花样。其包装采用扁平风格的插画设计，沿用江小白经典的透明玻璃瓶造型，整体用色鲜艳明丽，根据水果外观属性分别选用对应的暖色调渲染，呈现出时尚、年轻的格调。同时，在文案上也下足了功夫，在包装上采用了谐音梗，如"桃你喜欢""大橘为重""葡实无华""红红火火"等，深受年轻一代的喜爱和追捧。
>
> 江小白果立方系列包装

> **学习探究**
>
> 你还知道哪些经典的商品包装，谈一谈它们有什么特色。
>
> 商品：＿＿＿＿＿＿＿＿＿＿＿＿＿＿＿＿＿＿＿＿＿＿＿＿＿＿＿＿＿＿＿＿
>
> 特色：＿＿＿＿＿＿＿＿＿＿＿＿＿＿＿＿＿＿＿＿＿＿＿＿＿＿＿＿＿＿＿＿

4. 降低成本

有针对性的包装设计能够根据产品本身的特点量身定制合理的包装，既可以降低包装材料本身的消耗，也可以节约储存、运输成本。因此，包装设计对于降低产品总成本，帮助企业获得更高的利润起到关键性作用。

5. 提高商品价值

新颖独特、精美合理的包装是商品价值增值的重要手段，是提高企业经济效益的有效途径，但是作为企业也不可一味地追求"包装效果"，而忽视商品本身的质量。因为在市场竞争中，商品质量是第一位的，包装只是辅助手段。切忌仅讲究包装，而忽视商品质量，更不应过度包装。只有不断提高商品质量，紧密联系市场的需求开发新产品，才应是企业关注的头等大事。

6. 优化品牌形象

包装是品牌推广的重要组成部分，能够为产品树立独特的形象，并在市场上赢得竞争优势。很多企业在商品包装上融入创意元素，突显品牌核心理念，通过放大标识或品牌标识，设计特有的包装形状，选用特别的颜色、特有的花边等做法让商品在众多同类商品中脱颖而出，在这种状态下自然就能让消费者记住品牌，提升购买欲望。

> **企业案例**
>
> 瑞幸+茅台创意包装"火出圈"
>
> 2023年9月，茅台与瑞幸推出首款联名产品——"酱香拿铁"一度成为社交平台的焦点，多家门店直接爆单，瑞幸也因此创下了单日销售额1亿元的记录。继酱香拿铁出圈之后，贵州茅台与瑞幸咖啡又联手出了"新花样"，于2024年1月正式上线"龙年酱香巧克力"饮品。瑞幸"牵手"茅台的联名事件，是一种商业运营手段。双方的跨界在打破企业边界、拓展产品消费人群、活化品牌形象方面收到很好的效果。从印刷包装角度看，营销与创意设计起到关键性作用，一
>
> 瑞幸酱香拿铁包装
>
> 款好的包装设计能直观反映出企业的品牌文化。在跨界联名的商业模式中，印刷企业是受益者之一，通过创意设计提升产品竞争力，将成为创新路径。

5.1.3 商品包装合理化要求

商品包装合理化是指在包装过程中使用适当的材料和适当的技术，制成与物品相适应的容器，节约包装费用，降低包装成本，既满足包装保护商品、方便储运、利于销售的要求，又能提高包装经济效益的包装综合管理活动。合理的商品包装是随商品流通环境的变化、包装技术的进步而不断改进和发展

微课8
商品包装合理化要求

的。合理的商品包装既要符合国情，又要满足消费者需要并取得最佳的经济效益和社会效益。

一般而言，合理的商品包装，应符合以下要求：

1. 商品包装应适应商品特性

商品包装必须根据商品的特性分别采用相应的材料与技术，使包装完全符合商品理化性质的要求。例如啤酒，习惯采用绿色玻璃瓶包装（见图5-1），原因一是玻璃的封闭性好，能保证啤酒的新鲜度和杀口力；二是绿色使人感受到轻松、和谐的气氛，还能很好的遮蔽光线，减轻光合作用，从而可以保持啤酒的质量。

图5-1 啤酒包装

> **企业案例**
>
> 中茶"一坛好茶"荣获包装设计界"奥斯卡大奖"
>
> 中茶明星产品"一坛好茶"在2022年Pentawards全球包装设计大赛中荣获铜奖。中茶"一坛好茶"以世界物质文化遗产"福建土楼"作为核心设计元素，用中国陶瓷制作罐体，以茶为媒，以坛为器，将中国茶、世界文化遗产、中国陶瓷三种文化元素融于这一坛，堪称新时代茶界文化盛器。
>
> 除此之外，"一坛好茶"兼具东方美学的设计特色与工业化生产的优势。采用旋盖式打开方式，土楼屋顶结构设计可以起到很好的防滑作用，易开启或关闭；盖子内部有食品级胶圈，有利于茶叶密封保存；罐体采用现代陶瓷材料制作而成，具有防潮透气的优点，同时又比传统陶瓷更轻便；罐口采用类似奶粉包装的金属易撕膜封口，安全卫生。整个包装实现了工业化标准生产，极大节省了生产成本，食品安全也得到更好的保障，比传统手工产品更具优势。
>
> "一坛好茶"包装

2. 商品包装应适应运输条件

商品在运输、储存过程中会受到各种因素的影响，可能发生物理、机械、化学、生物等变化，造成商品损失、损耗。例如：运输、装卸过程中的颠簸、冲击、震动、碰撞、跌落及储存过程中的堆码承重，可能造成包装破损和商品变形、损伤、失散等；流通和储存过程中外界温度、湿度、光线、气体等条件的变化，可能造成商品干裂、脱水、潮解、溶化、腐烂、氧化、变色、老化、锈蚀等质量变化；微生物、害虫侵入会导致商品的霉烂、变质、虫蛀等。因此，企业必须依据商品的特性、运输和储运条件，选择适当的包装材料、包装容器和包装方法，采用一定的包装技术处理，对商品进行科学的防护包装，以防止商品受损，达到保护商品的目的，使商品完好无损地到达消费者手中，最大限度地减小商品劣变损耗。

3. 商品包装要"适量、适度"

对销售包装而言，包装容器的大小应与内装商品相宜，包装费用应与内装商品相吻合，预留空间过大、包装费用占商品总价值比例过高，都是有损消费者利益且误导消费者的"过度包装"。

知识拓展　《限制商品过度包装要求　生鲜食用农产品》强制性国家标准发布

国家市场监督管理总局、国家标准化管理委员会2023年9月8日发布了《限制商品过度包装要求　生鲜食用农产品》（GB 43284—2023）强制性国家标准，标准于2024年4月1日起实施。标准的发布实施，将为强化商品过度包装全链条治理、引导生鲜食用农产品生产经营企业适度合理包装、规范市场监管提供执法依据和基础支撑。

该标准明确了蔬菜（含食用菌）、水果、畜禽肉、水产品和蛋等五大类生鲜食用农产品是否过度包装的技术指标和判定方法。主要技术指标包括三方面：一是针对不同类别和不同销售包装重量的生鲜食用农产品设置了10%到25%包装空隙率上限。二是规定蔬菜（包含食用菌）和蛋不超过3层包装，水果、畜禽肉、水产品不超过4层包装。三是明确生鲜食用农产品包装成本与销售价格的比率不超过20%，对销售价格在100元以上的草莓、樱桃、杨梅、枇杷、畜禽肉、水产品和蛋加严至不超过15%。为避免对农业生产经营活动造成不必要的影响或产生新的资源浪费，该标准设置了6个月的实施过渡期，并规定"实施之日前生产或进口的生鲜食用农产品可销售至保质期结束"。实施后，生产经营主体应按照该标准要求，对生鲜食用农产品销售包装进行合规性设计。

相关部门应全面推进标准宣贯实施，开展监管执法，引导生鲜食用农产品生产经营主体尽快开展对标达标自评、合理选用包材、规范包装设计。同时，倡导消费者自觉践行绿色消费理念，不选购过度包装的生鲜食用农产品。

拓展阅读

茶叶不能再这么"装"了！

近年来，不少商家在茶叶包装上过于追求奢华，造成铺张浪费。《限制商品过度包装要求 食品和化妆品》（GB 23350—2021）标准自2023年9月1日起正式实施，该标准属于强制性国家标准，在此标准中明确规定了茶叶及相关制品的销售包装。

如何判定茶叶过度包装？限制要求包括包装层数、包装成本和包装空隙率，这三项内容中，有任何一项不符合标准的规定，则判定该商品的包装为过度包装。

包装层数要求：茶叶包装层数不得超过4层。包装层数以直接接触内装物的包装为第一层，从内到外依次类推。紧贴销售包装外且厚度低于0.03mm的薄膜不计算在内。

包装成本要求：除直接与内装物接触的包装之外，所有包装的成本不超过产品销售价格的20%。包装空隙率要求见下表。

对于一层包装茶叶产品，不需要计算空隙率，层数也小于4层，成本不需要计算，因此一层包装产品一定符合标准要求。

食品和化妆品包装空隙率表

单件[a]净含量（Q）/mL或g	孔隙率[b]
≤1	≤85%
1<Q≤5	≤70%
5<Q≤15	≤60%
15<Q≤30	≤50%
30<Q≤50	≤40%
>50	≤30%

a：需混合使用的化妆品，单件是指混合后的产品。
b：综合商品的包装空隙率应以单件净含量最大的产品所对应的空隙率为准。

注：本表不适用于销售包装层数为一层的商品。

> 拓展阅读

商品过度包装治理

商品过度包装是指超出了商品保护、展示、储存、运输等正常功能要求的包装，主要表现为包装层数过多、包装空隙过大、包装成本过高、选材用料不当等。

2022年9月，《国务院办公厅关于进一步加强商品过度包装治理的通知》（国办发〔2022〕29号）发布，提出要从以下方面强化商品过度包装全链条治理：

1. 加强包装领域技术创新

推动包装企业提供设计合理、用材节约、回收便利、经济适用的包装整体解决方案，自主研发低克重、高强度、功能化包装材料及其生产设备，创新研发商品和快递一体化包装产品。

2. 防范商品生产环节过度包装

督促指导商品生产者严格按照限制商品过度包装强制性标准生产商品，细化限制商品过度包装的管理要求，建立完整的商品包装信息档案，记录商品包装的设计、制造、使用等信息。引导商品生产者使用简约包装，优化商品包装设计，减少商品包装层数、材料、成本，减少包装体积、重量，减少油墨印刷，采用单一材料或便于分离的材料。

3. 避免销售过度包装商品

督促指导商品销售者细化采购、销售环节限制商品过度包装有关要求，明确不销售违反限制商品过度包装强制性标准的商品。加强对电商企业的督促指导，实现线上线下要求一致。

4. 推进商品交付环节包装减量化

指导寄递企业制修订包装操作规范，细化限制快递过度包装要求，并通过规范作业减少前端收寄环节的过度包装。鼓励寄递企业使用低克重、高强度的纸箱、免胶纸箱，通过优化包装结构减少填充物使用量。

5. 加强包装废弃物回收和处置

进一步完善再生资源回收体系，鼓励各地区以市场化招商等方式引进专业化回收企业，提高包装废弃物回收水平。鼓励商品销售者与供应方订立供销合同时对商品包装废弃物回收做出约定。

4. 商品包装应标准化、通用化、系列化

商品包装必须推行标准化，即对同类或同种商品包装须执行"7个统一"，即统一材料、统一规格、统一容量、统一标记、统一结构、统一封装方法和统一

捆扎方法，并逐步形成系列化和通用化，以有利于包装容器的生产，提高包装生产效率，节约原材料，降低成本，有利于保证包装质量和商品安全，也便于消费者的选购。

5. 商品包装要做到绿色环保

商品包装的绿色环保要求要从两个方面认识。首先，商品包装的材料、容器、技法本身对商品和消费者而言，应是安全卫生的。其次，包装的材料、容器、技法等对环境而言，应是安全绿色的，在选材和制作上，要遵循可持续发展原则。如今，市场上的一些包装，由于使用、处理不当，造成了严重的资源浪费和环境污染，为改善这种局面，提倡商家和消费者尽量使用绿色环保包装。

> **企业案例**
>
> **可循环包装成新趋势**
>
> **1. 顺丰："π-BOX循环箱"可重复使用70次以上**
>
> 在顺丰不少快递网点，都能见到一种可循环使用包装的身影。这种新型循环快递箱叫"π-BOX"，它是在此前顺丰自主研发的第一代快递循环箱"丰-BOX"的基础上推出的升级版。其采用PP环保材料，98%可以回收再利用。蜂窝板全封边和无缝焊接工艺，箱体强度更高，整箱边缘不伤手、防水、防潮、防损坏，抗腐蚀性强。
>
> π-BOX外观采用激光印刷工艺，0油墨使用，比"丰-BOX"更耐磨、更环保，可重复使用达70次以上，满足3C、化妆品、首饰工艺品、酒类等行业托寄物使用。
>
> **2. 京东物流："青流箱"成本比传统包装降低30%**
>
> 京东物流与知路科技战略性合作，为京东物流提供循环快递箱"青流箱"。
>
> "青流箱"采用的是可回收的再生聚丙烯（PP）食品级材料，折叠结构，无须使用任何胶带，利用电子面单防盗，锁体封箱，面单移除才能开箱，可循环使用达50次以上。单次使用成本比传统包装降低30%以上。

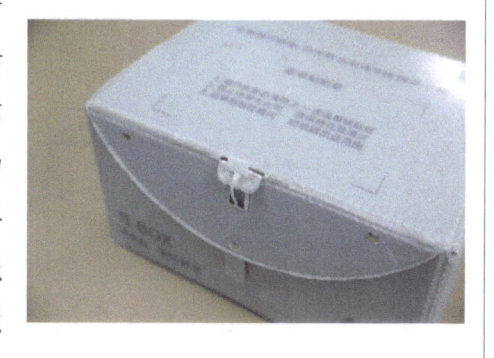

京东物流将陆续投放150万个循环快递包装，推广循环包装的共享回收模式。至2024年年底，仅这一举措将减少纸箱、泡沫箱、塑料袋等一次性包装超1亿个。

3. 韵达："智能R锁"扫码开袋

2023年9月，韵达首次展出了可循环智能文件袋。据了解，这款文件袋防水、防火、防脏污，袋子可重复使用1000次，无须使用胶带粘贴，节省耗材更环保。

这款文件袋使用了智能R锁，扫码开袋、身份加密，只有指定用户可开箱。

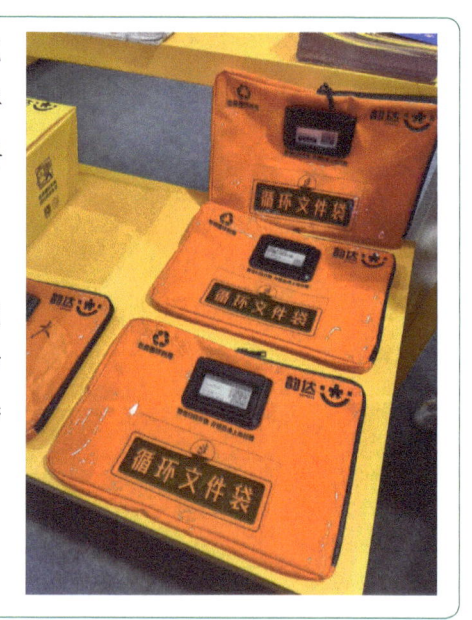

📖 拓展阅读

《深入推进快递包装绿色转型行动方案》（节选）

为贯彻落实党中央、国务院决策部署，深入推进快递包装绿色转型，进一步加大工作力度，制定本行动方案。

以习近平新时代中国特色社会主义思想为指导，深入贯彻党的二十大精神，完整、准确、全面贯彻新发展理念，加快构建新发展格局，着力推动高质量发展，强化快递包装绿色治理，聚焦重点领域和突出问题，有步骤、分阶段综合施策，加大力度扎实推进快递包装减量化，加快培育可循环快递包装新模式，持续推进废旧快递包装回收利用，提升快递包装标准化、循环化、减量化、无害化水平，促进电商、快递行业高质量发展，为发展方式绿色转型提供支撑。

到2025年底，快递绿色包装标准体系全面建立，禁止使用有毒有害快递包装要求全面落实，快递行业规范化管理制度有效运行，电商、快递行业经营者快递包装减量化意识显著提升，大型品牌电商企业快递过度包装现象明显改善，在电商行业培育遴选一批电商快递减量化典型，同城快递使用可循环快递包装比例达到10%，旧纸箱重复利用规模进一步扩大，快递包装基本实现绿色转型。

👓 新规速览

《快递服务》新国家标准正式实施

2024年4月1日实施的《快递服务》（GB/T 27917.3—2023）新国标规定，已认可快件投递分为上门投递、箱递、站递以及其他方式四种类型，快递服务主体应按用户选择的投递方式提供投递服务。其中新国标强调，快递服务主体应与电子商务经营者提前约定服务产品、投递方式等——这意味着，消费者下单时就要选择快递的派送方式了。标准还增加智能化服务要求，包括智能安检系统和智能信包箱、智能快件箱、快递无人车、无人机等智能收投服务终端相关要求。

新修订的《快递服务》国家标准自4月1日起实施。标准增加智能化服务要求，包括智能安检系统和智能信包箱、智能快件箱、快递无人车、无人机等智能收投服务终端相关要求。

5.1.4 商品包装的分类

商品千差万别，各自特性不同，所需要的包装材料、包装方式均不相同，再加上商品的包装目的、包装方法的不同，使商品包装种类繁多。包装的科学分类，对包装的设计、生产、应用和管理具有重要意义。

1. 按包装在流通中的作用分类

包装按其在流通中的作用不同，可分为运输包装和销售包装。

（1）运输包装。运输包装是指用于安全运输、保护商品的较大单元的包装形式，又称为外包装或大包装。例如，纸箱、木箱、桶、集合包装、托盘包装等。运输包装一般体积较大，外形尺寸标准化程度高，坚固耐用，广泛采用集合包装，表面印有明显的识别标志，主要功能是保护商品，方便运输、装卸和储存。

（2）销售包装。销售包装是指以一个商品作为一个销售单元的包装形式或若干个单体商品组成一个小的销售包装，也称为内包装或小包装。销售包装的特点一般是包装件小，对包装的技术要求是美观、安全、卫生、新颖，易于携带，印刷装潢要求较高。销售包装一般随商品销售给顾客，起着直接保护商品、宣传和促进商品销售的作用，同时也起着保护优质名牌商品以防假冒的作用。

2. 按包装的层次分类

包装按其层次的不同，可分为内包装、中包装和外包装。

（1）内包装。内包装也称小包装、销售包装，是指直接与内装商品接触的包装。例如，洗发水的瓶子、饼干的袋子、饮料的塑料瓶或玻璃瓶等，都属于商品的内包装，一般要求美观耐用。

（2）中包装。中包装是指在内包装外面加上一层包装，防止商品因受撞击破坏内包装，造成商品流漏失散，也便于计量。

（3）外包装。外包装随商品性质、形态、种类和销售方法的不同而不同。有些商品的外包装只是容纳一定数量的中包装和小包装，主要是便于计量和运输，因此外观要求不高，但必须结实和便于运输。也有些外包装是展示商品的包装，直接与消费者见面，主要用途是保护商品和美化商品，如高档酒外包装的纸盒包装就是典型的商品展示外包装。

3. 按包装容器的特性分类

（1）按包装容器的外形特征，包装可分成盒类包装、箱类包装、袋类包装、罐类包装、坛类包装、管类包装、盘类包装、桶类包装等。

（2）按包装容器的结构特点，包装可分成固定式包装、可拆卸包装（较昂贵的家用电器一般用这种包装）、折叠式包装。

（3）按包装容器的刚柔性，包装可分成软包装、硬包装、半软半硬包装。

（4）按包装容器的质量，包装可分成高档包装、中档包装、低档包装。在选择包装档次时要注意收益与成本的分析。

（5）按包装容器的密封性能，包装可分成密封性包装和非密封性包装。一般易蒸发、易氧化的产品需要密封性包装，尤其是一些食品；而一般不易氧化的产品，可以采用非密封性包装，像一些家庭用具等。

（6）按包装造型结构特点，包装可分成便携式、礼品式、透明式、悬挂式、堆叠式、组合式等。例如麦片既可以用袋装（属于便携式），也可以用罐装（多属于礼品式）。

4. 按包装内容物分类

以包装的内容物作为分类标志，可把包装分成食品包装、土特产包装、纺织品包装、医药品包装、化工商品包装、化学危险品包装、机电商品包装等。

5.2 商品包装材料

包装材料是指用于制造包装容器和包装运输、包装装潢、包装印刷、包装辅助材料及其他与包装有关材料的总称。包装材料一般分为主要包装材料和辅助包装材料，纸和纸板、金属、塑料、玻璃、陶瓷、竹木、复合材料等属于主要包装材料；涂料、黏合剂、油墨等属于辅助包装材料。本节介绍一些常见的主要包装材料。

5.2.1 塑料包装

塑料包装是指以人工合成树脂为主要原料的各种高分子材料制成的包装。

塑料包装具有质轻、透明、防水、防潮、密封性好、易着色、成本较低等优点。但是塑料包装强度不如钢铁，耐热性不如玻璃，在外界因素影响下易发生老化、软化、变脆，而且处理不当会造成环境污染等。

塑料制品制成的包装容器（见图5-2）主要有塑料桶、塑料盆、塑料瓶、塑料盒、塑料杯、塑料盘、塑料袋、塑料薄膜、塑料编织袋等。

图5-2　塑料包装

5.2.2 纸制品包装

纸制品包装是以纸和纸板为原材料制成的包装。当前纸制品包装消耗量占全部包装材料用量的40%左右。纸制品包装具有轻便、无毒、价廉、便于机械化生产、便于印刷、利于环境保护和资源回收利用等优点。纸制品包装是一种环保型的"绿色包装"，具有良好的生物天然降解性，是适合大力发展的包装材料。但其气密性、防潮性、透明性较差。

纸制品制成的包装容器（见图5-3）主要有纸箱、纸盒、纸桶、纸袋、纸杯、纸盘等。

图5-3　纸质品包装

> **行业动态**
>
> 智享科技——纸基功能材料为智能包装"加码"
>
> 纸张作为用途广泛的天然高分子材料，具有低成本、柔韧性、便携性、高强度、便于书写和印刷以及便于回收、可再生、可循环利用、可生物降解等众多优点，因此被广泛应用于包装材料、生活用品及工业和农业等众多领域。鉴

于纸张特有的性能及其环保特性,实现纸基材料的功能化,使其向高性能功能材料转变,满足战略新兴产业对环保新材料的需求,是目前包装材料领域的重要研究课题。其中,利用印刷制造技术高效制备纸基传感器便是智能包装、快速检测、柔性电子、防伪溯源等领域的重大应用需求及亟须解决的关键问题。目前,纸基功能材料在智能包装领域的应用体现在以下三个方面。

第一,将多种新型数字化技术与二维码技术相结合,研发具有嵌入数字水印的纸基防伪二维码、双层叠印光响应二维码、灰度二维码等。构建相对完善的多重防伪信息码体系,涵盖防伪信息码体系从理论、算法、技术、工程实现到应用的全过程,增强了在智能包装防伪、溯源、跨媒体营销、大数据应用中的安全性、快捷性和稳定性,进而构建基于可变印制码的赋码信息管理系统及智能包装云平台。通过物联网、大数据、云计算等技术对商品全生命周期数据进行分析,为政府监管部门、品牌商、消费者等提供全方位的数据支持,实现防伪验证、追踪溯源、防窜稽查、智能定位、跨媒体营销等场景应用,从而促进不同应用行业供应链管理的可视化和高效化。

第二,纸基微流控芯片是一种新型纸基检测材料,在快速诊断检测中具有较大的应用潜力,适用于临床诊断、环境监测、食品检测等领域。通过探索印刷原理和工艺技术在纸基快速检测诊断领域中创新应用,可以印刷制造出一系列以纸基低成本材料为主体的多功能图案化的检测平台,大幅度降低检测成本,实现检测传感器的大规模制造以及快速定量自动检测和结果读取。

第三,以纸张为基底,采用可聚合低共熔溶剂替代离子凝胶。通过原位光聚合制备出具有良好的生物相容性和降解性,光学、力学和电学性能优异,成本低且易于卷对卷高效印刷制造的纸基透明导电纸,可广泛应用于传感器件、柔性显示和超级电容等领域。该方法制备柔性纸基导电及发光器件,具有良好的导电性、电耐久性、耐弯折性,并具有大规模生产的潜力,可用于解决智能包装的信息传感及多种功能需求问题。

5.2.3 木质包装

在我国,很早就开始使用木材作为包装材料,其特点是强度高、坚固、耐压、耐冲击、化学和物理性能稳定、易于加工、不污染环境等,是大型和重型商品常用的包装材料。木质包装(见图5-4)主要有木箱、木桶、木匣、木板夹、纤维板箱、胶合板箱、托盘等。鉴于木材来源少,可用其他材料替代。

图5-4 木质包装

5.2.4 金属包装

金属包装是以黑白铁皮、马口铁、钢板、铝板、铝合金板等为原材料制成的包装。

金属包装拥有外表美观、保质期长、携带方便、结实牢固、防潮、耐光、易回收再利用且不污染环境等优点。但是，金属材料成本高，一些金属材料，如钢铁的化学稳定性差，遇酸碱易发生腐蚀。金属包装（见图5-5）主要有用于运输的集装箱、运输包装桶和用于销售的金属桶、金属罐、金属听、金属盒、金属软管等。

图5-5　金属包装

5.2.5 玻璃与陶瓷包装

玻璃包装最突出的优点是化学稳定性好，透明性好，无毒、无味、卫生、安全，密封性良好，制作成本低，易回收，能重复使用，利于环保。但是，玻璃作为包装材料耐冲击强度低、碰撞时易破碎、自身重量大、运输成本高。

玻璃制造的包装容器，如玻璃瓶和玻璃罐（见图5-6），广泛用于酒类、饮料、罐头食品、调味品、药品、化妆品、化学试剂、文化用品等的包装。此外，玻璃也用于制造大型运输包装容器，用来存装强酸类产品；还用来制造玻璃纤维复合袋，用于包装化工产品和矿物粉料。

陶瓷与玻璃有许多共同之处，如陶瓷化学稳定性与热稳定性佳，遮光性优异，密封性好，而且成本更低廉。陶瓷常被制成缸、罐、坛、瓶等多种包装容器（见图5-7），广泛用于包装各种化工产品、特色传统食品等。陶瓷包装造型多样，古朴典雅，装潢美观，受到了消费者的喜爱，特别适合高级名酒的包装。

图5-6　玻璃包装 　　　　图5-7　陶瓷包装

5.2.6 复合材料包装

复合材料包装是以两种或两种以上材料紧密复合制成的包装。复合材料包装

（见图5-8）主要由塑料与纸、塑料与铝箔、塑料与铝箔和纸、塑料与玻璃、塑料与木材等材料复合而成。复合材料具有更好的机械强度和气密性，拥有防水、防油、耐热或耐寒、容易加工等优点，是现代商品包装材料的发展方向，特别适用于食品的包装。

图5-8　复合材料包装

5.2.7　其他包装

绿色包装又称环保包装，是指既可充分发挥各种包装的功能，又有利于环境保护，废弃物最少，易于循环复用及再生利用或自行降解的包装。例如，啤酒、饮料、酱油、醋等包装采用玻璃瓶，糖果包装上使用的糯米纸，可降解塑料包装（见图5-9），纸质品包装等都属于绿色包装。

除此之外，还有纤维织物包装，如麻袋、布袋、布包等，适合盛装颗粒和粉状商品。其优点是强度大、轻便、耐腐蚀、易清洗、对商品和环境无污染、便于回收利用等。

还有用树条、竹条、柳条编的筐、篓、箱以及草编的蒲包、草袋等（见图5-10）。它们具有可就地取材、成本低廉、透气性好的优点，适宜包装生鲜商品、部分土特产品和陶瓷产品等。

图5-9　可降解塑料包装　　　　图5-10　竹制包装

5.3 商品包装技法

商品包装技法是指包装操作时采用的技术和方法。只有通过包装技法，才能使包装与商品形成一个整体。包装技法与包装的各种功能密切相关，特别是与保护功能关系密切。采用各种包装技法是为了有针对性地合理保护不同特性商品的质量。有时为了取得更好的保护效果，也将两种或两种以上技法组合使用。随着科学技术的进步，商品包装技法正在不断发展完善。

5.3.1 泡罩包装与贴体包装

泡罩包装是将商品封合在用透明塑料薄片形成的泡罩与底板之间的一种包装方法。贴体包装是将商品放在能透气的、用纸板或塑料薄片制成的底板上，上面覆盖加热软化的塑料薄片，通过底板抽真空，使薄片紧密包贴商品，并且四周封合在底板上的一种包装方法。泡罩包装和贴体包装多用于日用小商品的包装，其特点是透明直观，保护性好，便于展销。

5.3.2 真空包装与充气包装

真空包装是将商品装入气密性包装容器，抽去容器内部的空气，使密封后的容器内达到预定真空度的一种包装方法。这种方法一般用于高脂肪、低水分的食品包装，其作用主要是排除氧气，减少或避免脂肪氧化，而且可以抑制霉菌或其他好氧微生物的繁殖。真空包装如用于轻纺工业品包装，能缩小包装商品体积，减少流通费用，同时还能防止虫蛀、霉变。

充气包装是在真空包装的基础上发展起来的，它是将商品装入气密性包装容器中，用氮气、二氧化氮等惰性气体置换容器中原有空气的一种包装方法。充气包装主要用于食品包装，其作用是能减慢或避免食品的氧化变质，亦可防止金属包装容器由于罐内外压力不等而易发生的瘪罐问题。另外，充气包装技法还可用于日用工业品的防锈和防霉。

5.3.3 收缩包装

收缩包装是以收缩薄膜为包装材料，包裹在商品外面，通过适当温度加热，使薄膜受热自动收缩紧包商品的一种包装方法。收缩薄膜是一种经过特殊拉伸和冷却处理的塑料薄膜，内含有一定的收缩应力，这种应力重新受热后会自动消失，使薄膜在其长度和宽度方向急剧收缩，厚度加大，从而使包装内商品被紧裹，起到良好的包装效果。收缩包装具有透明、紧凑、均匀、稳固、美观的特点，同时由于密封性好，还具有防潮、防尘、防污染、防盗窃等保护作用。收缩包装适用于食品、日用工业品和纺织品的包装，特别适用于形态不规则商品的包装。

5.3.4 拉伸包装

拉伸包装是用具有弹性（可拉伸）的塑料薄膜，在常温和张力下，裹包单件或多件商品，在各个方向牵伸薄膜，使商品紧裹并密封的包装。它与收缩包装技法的效果基本一样，其特点是：①采用此种包装不用加热，很适合于那些怕加热的产品，如鲜肉、冷冻食品、蔬菜等；②可以准确地控制裹包力，防止产品被挤碎；③由于不需加热收缩设备，可节省设备投资和设备维修费用，还可节省能源。

5.3.5 无菌包装

无菌包装适用于液体食品包装，是在罐头包装基础上发展而成的一种新技术。无菌包装需要先将食品和容器分别杀菌并冷却，然后在无菌室进行包装和密封。和罐头包装相比，无菌包装的特点是：①能较好地保存食品原有的营养素、色、香、味和组织状态；②杀菌所需热能比罐头包装少25%～50%；③冷却后包装可以使用不耐热、不耐压的容器，如塑料瓶、纸板盒等，既降低成本，又便于消费者开启。

5.3.6 防潮包装

防潮包装是采用具有一定隔绝水蒸气能力的材料制成密封容器，运用各种技法阻隔水蒸气对内装商品的影响的包装。在防潮包装材料中金属和玻璃最佳，塑料次之，纸板、木板最差。常用的防潮技法有多层密封、容器抽真空或充气、加干燥剂等。

5.4 商品包装标志

商品包装标志是用简单的文字或图形在包装上印制的特定记号和说明事项。印制商品包装标志是商品储存、运输、装卸过程中不可缺少的一项辅助措施。商品包装标志按其用途可分为销售包装标志和运输包装标志两种。

5.4.1 商品销售包装标志

商品销售包装标志是指赋予商品销售包装容器的一切标签、吊牌、文字、符号、图形及其他说明物，它是生产者向销售者传达商品信息、表现商品特色、推销商品的主要手段，是消费者选购商品，正确保存、养护商品及科学消费的指南。商品销售包装标志主要有以下几种形式：

1. 销售包装的一般标志

一般销售包装上要体现的基本内容主要有商品名称、生产厂家、商标、规格、数量、成分、产地、用途、功效、使用方法、保养方法、批号、品级、商品标准或代号、商品条码等。对已获质量认证或在质量评比中获奖的商品，应分别标明相应的标志。

> **知识拓展** 食品包装上应有哪些标志？
>
> 《中华人民共和国食品安全法》第六十七条 预包装食品的包装上应当有标签。标签应当标明下列事项：
>
> （一）名称、规格、净含量、生产日期；
> （二）成分或者配料表；
> （三）生产者的名称、地址、联系方式；
> （四）保质期；
> （五）产品标准代号；
> （六）贮存条件；
> （七）所使用的食品添加剂在国家标准中的通用名称；
> （八）生产许可证编号；
> （九）法律、法规或者食品安全标准规定应当标明的其他事项。
>
> 专供婴幼儿和其他特定人群的主辅食品，其标签还应当标明主要营养成分及其含量。
>
> 食品安全国家标准对标签标注事项另有规定的，从其规定。

2. 商品质量标志

商品质量标志是指在商品的销售包装上反映商品质量的标记，它说明商品达到的质量水平。商品质量标志主要包括优质商品标志、商品质量认证标志、商品质量等级标志等。

3. 使用方法及注意事项标志

由于商品的种类用途不同，在销售包装上要反映出商品使用方法及注意事项的标志。例如，在服装商品上都应标注服装的洗涤保养标志（见表5-1～表5-4）。

表5-1　水洗标志

标志	水洗程序
⌴40	最高洗涤温度40℃ 常规程序
⌴40	最高洗涤温度40℃ 缓和程序
⌴40	最高洗涤温度40℃ 非常缓和程序
⌴30	最高洗涤温度30℃ 常规程序
⌴30	最高洗涤温度30℃ 缓和程序
⌴30	最高洗涤温度30℃ 非常缓和程序
⌴手	手洗 最高洗涤温度40℃
⌴✕	不可水洗

表5-2　漂白标志

标志	漂白程序
△	允许任何漂白剂
△△	仅允许氧漂/非氯漂
△✕	不可漂白

表5-3　自然干燥标志

标志	自然干燥程序	标志	自然干燥程序
│	悬挂晾干	⟋│	在阴凉处悬挂晾干
‖	悬挂滴干	⟋‖	在阴凉处悬挂滴干
−	平摊晾干	⟋−	在阴凉处平摊晾干
＝	平摊滴干	⟋＝	在阴凉处平摊滴干

表5-4 熨烫标志

标志	熨烫程序	适用产品
⌧	不可熨烫	人造革（仿皮）服装、涂层或胶印服装、羽绒服装、毛皮服装、静电植绒服装、起皱工艺服装
⌁	熨烫温度不能超过110℃ 蒸汽熨烫可能造成不可回复的损伤	含桑蚕丝、锦纶、黏纤、莫代尔纤维、莱赛尔纤维、醋酯纤维、铜氨纤维的服装
⌁⌁	熨烫温度不能超过150℃	羊毛羊绒、腈纶、聚酯纤维、氨纶的服装
⌁⌁⌁	熨烫温度不能超过200℃	棉、麻的服装

> **课堂训练**
>
> 你在服装商品上都看到过哪些洗涤保养标志？说一说它们都代表什么含义。

4. 商品的性能指示标志

商品的性能指示标志是指用简单的图形、符号表示商品的主要质量性能，如电冰箱上的中国能效标识（见图5-11）。

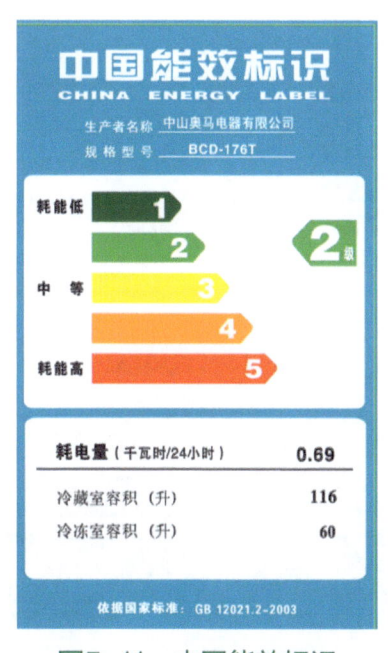

图5-11 中国能效标识

> **学习探究**
>
> 除冰箱上可以看到中国能效标识外，还有哪些商品贴有该标识？拍照记录下来，大家一起讨论，看看是什么商品、什么等级、其耗能量是高是低。

5. 销售包装特有标志

销售包装特有标志是指名牌商品在其商品特定部位或包装物内标注的让消费者更加容易识别本品牌商品的标记。它由厂家自行设计制作，如名牌西服、衬衫、名优酒等都有独特的、精致的特有标识。

6. 产品原材料和成分标志

产品原材料和成分标志是指由国家专门机构经检验认定后颁发的证明产品的原材料或成分的标志，如绿色食品标志、纯羊毛标志、真皮标志等（见图5-12和图5-16）。

图5-12　纯羊毛标识和混纺羊毛标志

图5-13　高档丝绸标志

图5-14　真皮标志

图5-15　无公害农产品标志和有机食品标志

图5-16　中国有机产品和中国有机转换产品标志

7. 商标

商标是商品的标记，是指商品生产者或经营者为使自己生产或销售的商品在市场上与其他企业生产或经营的同类商品显著区别开来，而在一定商品、商品包装和其他宣传品上使用的专用标记。这种标记通常用文字、字母、图形及它们的组合图案构成。商标经工商行政管理部门登记注册并予以公布以后，禁止他人使用，享有专用权，并受到法律保护。注册商标应在商标旁标明"注册商标"或"®""TM"字样。

商标是商品生产者或经营者的独特标记，是商品的"脸面"，反映企业的信誉和商品质量信誉。根据商标的构成，可将商标分成以下四种：

（1）文字商标。文字商标是指以文字构成的商标，即用中文、数字、拼音、外文组成的商标，如"娃哈哈"矿泉水、"全聚德"烤鸭、"999"感冒灵颗粒、"Givenchy"时装等。文字商标除商品的通用名称和法律规定禁止使用的文字外，商标使用人可根据经营需要任意选择使用。文字商标发音清晰，音节少，具有易称呼、易记的特点，适用于多种传播方式。

（2）图形商标。图形商标是指以图形构成的商标。花、木、虫、鸟、兽、名胜古迹、亭台楼阁、宇宙星象等都可作为商标。图形商标形象鲜明、引人入胜、便于记忆，可以给人留下深刻的印象。

（3）记号商标。记号商标是指由简明的、具有显著特征的记号或符号构成的商标。通常用圆形、方形、三角形、多边形、音符等的变形及组合作为记号商标，如"三角"牌电器的商标。记号商标应用较早，视觉形象醒目，但是在宣传时有所不便。

（4）组合商标。组合商标是指以文字、图形、记号共同组合而成的商标。组合商标图文并茂，便于宣传和记忆，形象生动，惹人注目，便于识别，是商标中应用最多的一种，深受消费者的欢迎。常用的组合商标是文字与图形的组合，如"海尔"牌电器，其商标就是由海尔兄弟的图形和"海尔"汉字以及"Haier"拼音共同构成。组合商标要求文字、图形、记号组合协调，图文一致。

商标是说明商品来源和品质特征的标志，在商品经济发展中，起到识别商品的不同生产者或经营者的作用，有利于促进商品质量的提高和维护企业利益；有利于消费者选购商品并保护消费者合法权益；有利于扩大市场占有率，开拓市场；也有利于商品质量监督，稳定市场秩序。

8. 可回收标识

随着人们对环境保护的重视，各国在商品包装方面力求对包装物再生利用。对可回收的包装物，应在罐盖上或包装上注明相应的识别标志（见图5-17）。

图5-17　可回收标志

5.4.2　商品运输包装标志

商品运输包装标志是用简单的文字或图形在运输包装上印制的特定记号和说明事项。它是商品储存、运输、装卸过程中不可缺少的一项辅助措施。商品运输包装标志一般包括：

1. 运输包装收发货标志

运输包装收发货标志又叫识别标志，俗称"唛头"，是指商品外包装件上的商品分类图示标志、其他标志和文字说明、排列格式的总称。收发货标志是运输过程中识别货物的标志，也是一般贸易合同、发货单据和运输保险文件中记载有关标志事项的基本部分。收发货标志通常印在外包装上，主要内容见表5-5。

表5-5　收发货标志及其含义

序号	代号	中文	含义
1	FL	商品分类图示标志	表明商品分类的特定符号
2	GH	供货号	供应该批货物的供货清单号码（出口商品用合同号码）
3	HH	货号	商品顺序编号，以便出入库、收发货登记和核定商品价格
4	PG	品名规格	商品名称或代号，标明单一商品的规格、型号、尺寸、花色等
5	SL	数量	包装容器内含商品的数量
6	ZL	重量	包装件的重量（千克），包括毛重和净重
7	CQ	生产日期	产品生产的年、月、日
8	TJ	体积	包装件的外径尺寸，长×宽×高=体积
9	XQ	有效期限	商品有效期至某年某月
10	SH	收货地点和单位	货物到达站、港和某单位（人）收
11	FH	发货单位	发货单位或人
12	YH	运输号码	运输单号码
13	JS	发货件数	发运的货物件数
14	CC	生产工厂	生产该产品的工厂名称

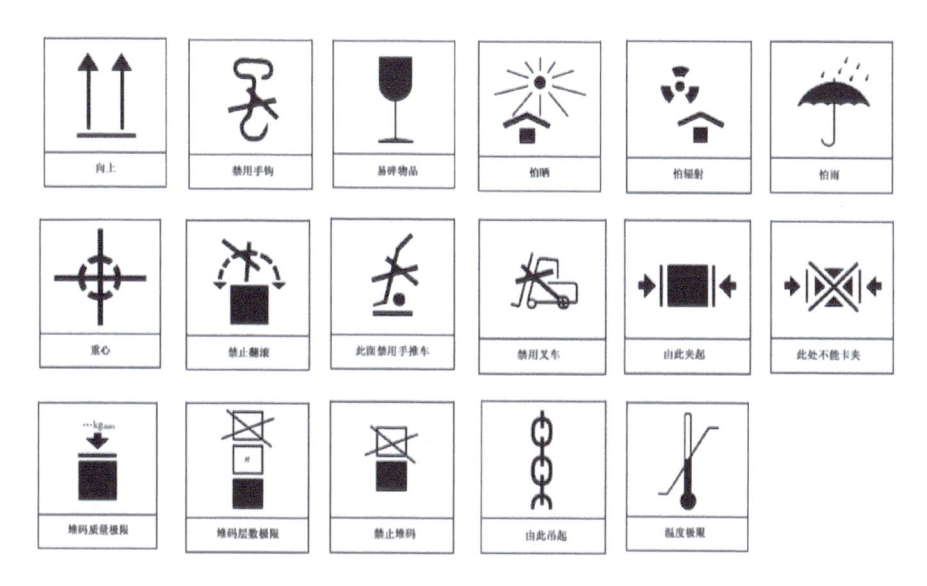

2. 包装储运图示标志

包装储运图示标志（见图5-18）是指为了保证商品安全，告知从事运输、装卸、保管的作业人员如何进行安全操作的图像、文字记号等。《包装储运图示标志》（GB/T 191—2008）国家标准规定了包装储运图示标志的名称、图形符号、尺寸、颜色及应用方法，该标准适用于各种货物的运输包装。

图5-18　包装储运图示标志

3. 危险货物包装标志

危险货物主要是指具有燃烧、爆炸、腐蚀、毒害等作用的化学品或其他原料，其性质一般都比较活跃，在储存和运输过程中稍有不慎便会酿成事故，造成财产损失和人员伤亡的物品。危险货物包装标志的图形、尺寸、颜色及使用方法在国家标准《危险货物包装标志》（GB 190—2009）中均有明确规定。不同类别的危险品应使用不同的危险品标志，出口的危险商品必须标有联合国标准化组织所规定的危险货物包装标志以及我国规定的危险货物包装标志（见图5-19）。

图5-19　危险货物包装标志

📖 **拓展阅读**

走进非遗——手工斗型包装技艺擦亮老字号招牌

乾和祥始建于1918年，经营红茶、绿茶、花茶、砖茶、乌龙茶五大系列数百个品种，以茉莉花茶制作工艺而闻名。一百多年来乾和祥秉承着"诚信为本、货真价实、童叟无欺"的经营理念和"仁、德、礼、义"的商业道德努力前行，在茶庄掌柜们长期摸索实践中，创制茉莉花茶拼配加工及手工斗型包装技艺，这两项独特的技艺已成为乾和祥传承发展的灵魂，于2013年被列入省级非物质文化遗产名录。

斗型包装是茶叶加工的最后一道工序，共有九个步骤，即拢茶、对折、打筒、折边、整型、卡包、捋型、封边、成型，最后贴上茶庄标签包装即可全部完成。在包装过程中，不用一根绳捆扎，却能做到结实、不散，每一包几乎一模一样。斗型包装的底部方方正正，上部隆起饱满，四面平整，棱角分明，寓意着"方方正正做人，踏踏实实做事，方可日进斗金"。此外，包装所用的草棉纸柔软且具有隔潮效果，茶叶不易串味、跑味，十分环保。

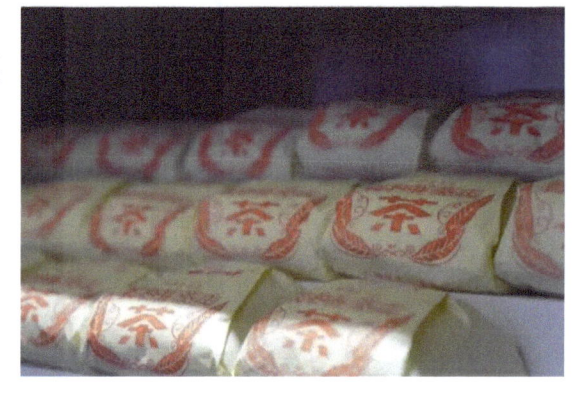

乾和祥不仅将产品中包含的传统文化发扬光大，而且把更多的中国情怀、中国自信、美好祝愿融入方方面面，让中国元素在传统与现代中结合，展现中国制造和中国品牌的魅力。

知识与技能训练

知识小测

一、名词解释

1. 商品包装
2. 商品包装标志

二、不定项选择题

1. 商品包装有（　　）的作用。
A．保护商品　　B．便利流通　　C．便于消费　　D．促进销售
E．提高商品价值

2. 下列包装中属于绿色包装的有（　　）。
A．纸制品包装　B．塑料袋　　C．玻璃包装　　D．可降解塑料袋

3. 销售包装标志的表现形式有（　　）。
A．标签、吊牌　　　　　　B．文字、符号
C．图形　　　　　　　　　D．其他说明物

三、判断题

1. 商品包装标志按其用途可分为销售包装标志和运输包装标志。（　）
2. 绿色食品标志属于销售包装标志中的特有标志。（　）
3. 注册商标应在商标边标明"注册商标"或"®"字样。（　）
4. "田七""555""SONY"这三个商标均属于记号商标。（　）
5. 运输包装标志分为收发货标志、包装储运图示标志和危险货物包装标志。（　）
6. 商品包装本身也是商品，具有价值和使用价值。（　）
7. 商品包装推行标准化需执行"7个统一"，即统一材料、统一规格、统一容量、统一标记、统一结构、统一封装方法和统一捆扎方法。（　）
8. 塑料包装是一种环保型的"绿色包装"，具有良好的生物天然降解性，是适合大力发展的包装材料。（　）
9. 真空包装技法广泛地应用于药品、食品、玩具、文具、小五金、小商品等销售包装。（　）
10. 商品包装是无声的推销员。（　）

案例分析

当代品牌包装设计的现状

包装是伴随着商品流通出现的产物，其本质是用于保护商品和宣传商品，便于商品的流通，促进商品销售。随着经济的快速发展和人们生活水平的不断提高，人们的消费心理逐渐成熟，消费者有了独立的消费意识，个性化的消费对商品包装设计也提出更高的要求，这意味着品牌包装设计也需要不断升级、创新来

满足当代消费者的消费意识。现代品牌包装设计需要满足现代消费者追求轻松、便捷、愉悦的心理需求，一些成功的品牌包装更是抓住了消费者猎奇的心理，让包装充满趣味性以此来激发消费者的购买欲望。品牌包装设计以其能引人入胜、创造愉悦审美体验的特性，为现代包装品牌设计提供了新的个性化发展契机。

为了吸引消费者眼球，让商品从琳琅满目的同类中脱颖而出，现代品牌包装设计更加丰富多样，通过富有创意、独具个性的艺术手段和形式创造出使消费者快乐愉悦的审美体验，包装也更加深入生活，注重对人情、人性的把握，摸索包装设计与消费者心理活动的规律，从而提高品牌包装设计的人性化效果，满足消费者的内心情感需求和精神需求，最终是为了刺激消费者的购买动机，促进销售。

阅读案例回答问题：
1. 包装在商品销售过程中究竟发挥着怎样的作用？
2. 为满足当代消费心理，包装设计应如何创新发展？

技能训练

商品包装设计

一、训练内容

白酒是以粮谷为主要原料，以大曲、小曲或麸曲及酒母等为糖化发酵剂，经蒸煮、糖化、发酵、蒸馏而制成的蒸馏酒。酒质无色（或微黄）透明，气味芳香纯正，入口绵甜爽净，酒精含量较高，经贮存老熟后，具有以酯类为主体的复合香味。白酒以其独特的酿造工艺和优良的品质，成为中国酒文化的重要载体。

拥有30多年酿酒历史的某工厂最近研制出一款深受工薪阶层喜爱的新型白酒，其特点如下：

价格	128元	香型	酱香型
酒精度数	38度	香气	细腻、复杂
净含量	500毫升	酒体	颜色清澈透明

请同学们针对产品的特性，设计一款销售包装。

二、训练目的

1. 能进一步了解商品销售包装的功能。
2. 能做到商品包装要适应商品的特性。

3．能激发并培养学生的审美观。

4．能清晰表达出商品包装的设计理念。

三、训练指导

1．布置任务：将教学班学生按3~5人的标准划分成若干个任务小组，以小组的方式完成任务。

2．任务要求：各任务小组可通过讲述、绘画或借助AI软件设计产品包装，产品包装要具有中国特色，起到促进销售和提升产品价值的作用，要求设计合理并具有审美价值。

3．课堂陈述：各任务小组成员陈述设计理念。

4．评价效果：各小组代表陈述后，指导老师点评该次技能训练的情况，并给予相应的表扬与奖励。

岗位实战

设计并制作一则或几则快递包装分类回收宣传标语，在班级、家庭或小区开展一次"垃圾要分类，生活更美好"的主题宣讲活动，带动周围人群保护生态环境，推动包装物的循环再利用。

标语1：_____

标语2：_____

标语3：_____

第6章　商品检验

学习目标

知识目标
- 能充分理解商品检验的重要性
- 能区分商品检验的三种类别
- 能说出商品检验的五项内容

能力目标
- 会利用感官检验法判定常见商品的质量
- 会利用简单的理化检验法检验1~2种商品质量
- 会用学到的理论知识解决实际问题与困难

素养目标
- 养成求真务实的科学态度

学习导图

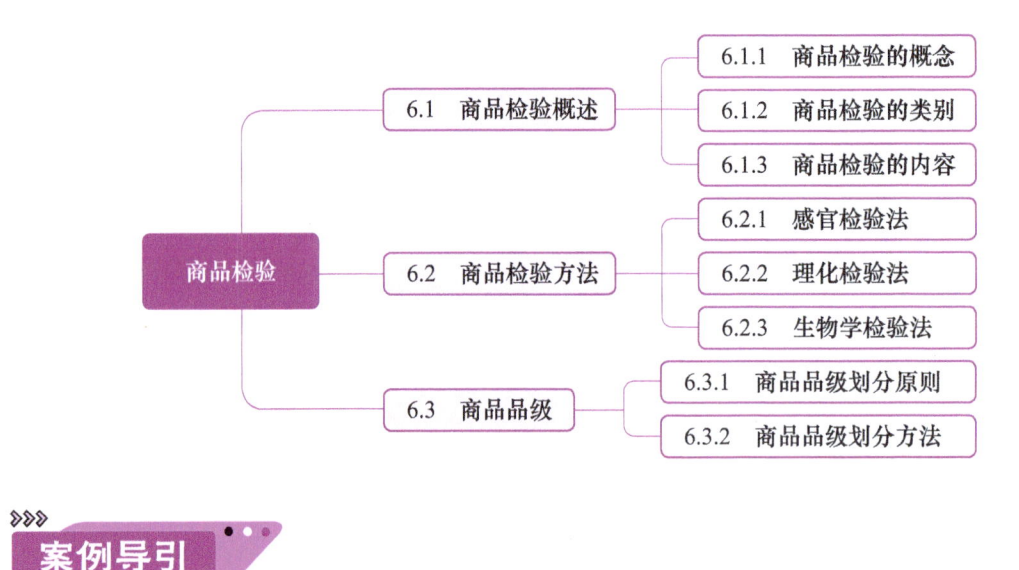

- 商品检验
  - 6.1 商品检验概述
    - 6.1.1 商品检验的概念
    - 6.1.2 商品检验的类别
    - 6.1.3 商品检验的内容
  - 6.2 商品检验方法
    - 6.2.1 感官检验法
    - 6.2.2 理化检验法
    - 6.2.3 生物学检验法
  - 6.3 商品品级
    - 6.3.1 商品品级划分原则
    - 6.3.2 商品品级划分方法

案例导引

严格把控品质，确保质量安全

2023年，内蒙古赤峰市产品质量检验检测中心按照自治区市场监管局和市局有关通知要求，以服务公众用药安全、服务监管为目标，坚持问题导向，积极统筹安排，科学规划任务，扎实开展工作，全年共完成自治区药品监督抽检247批次、市级药品监督抽检613批次、社会药品委托检验58批次、化妆品检验60批次，圆满完成了全年药品化妆品监督检验任务。

在开展工作过程中，赤峰市产品质量检验检测中心根据《抽检工作计划》要求，结合检验工作实际，制定科学的检测方案，稳步统筹推进；严格按照《中华人民共和国药典》《中国药品检验标准操作规范》和中心质量管理体系相关文件开展药品化妆品检验工作；通过不断强化药品检验能力建设，持续提升药品检验检测技术水平，确保检验数据科学、准确；坚持突出问题导向，提高检验靶向性。针对性地对疫情防控用药、高风险品种、质量可疑品种进行了重点检验，及时发现质量问题，第一时间上报结果，为核查处置、打击假劣药品提供技术支撑。

内蒙古赤峰市产品质量检验检测中心认真落实"四个最严"要求，通过开展技术考核、验证比对、科研实验等多种措施，持续提升药品检验能力，为保障人民群众用药用妆安全，为促进赤峰市医药产业健康发展做出贡献。

案例启示：加强对产品质量的监督管理可以提高产品质量水平，明确产品质量责任，保护消费者的合法权益，维护社会经济秩序。

基础知识

6.1 商品检验概述

6.1.1 商品检验的概念

商品检验又称商品质量检验，是指根据商品标准规定的各项指标，运用一定的检验方法和技术，综合评定商品质量优劣、确定商品品级的活动。

商品检验是商业部门开展质量管理工作的基础，是防止假冒伪劣商品进入流通领域的关键环节。商品检验对指导生产部门不断提高产品质量，争创名优产品，有效地进行产品更新换代，更好地促进商品流通等具有重要意义。

📖 **拓展阅读**

中华人民共和国进出口商品检验法（节选）

第一章 总 则

第一条 为了加强进出口商品检验工作，规范进出口商品检验行为，维护社会公共利益和进出口贸易有关各方的合法权益，促进对外经济贸易关系的顺利发展，制定本法。

第二条 国务院设立进出口商品检验部门（以下简称国家商检部门），主管全国进出口商品检验工作。国家商检部门设在各地的进出口商品检验机构（以下简称商检机构）管理所辖地区的进出口商品检验工作。

第三条 商检机构和依法设立的检验机构（以下称其他检验机构），依法对进出口商品实施检验。

第四条 进出口商品检验应当根据保护人类健康和安全、保护动物或者植物的生命和健康、保护环境、防止欺诈行为、维护国家安全的原则，由国家商检部门制定、调整必须实施检验的进出口商品目录（以下简称目录）并公布实施。

第五条 列入目录的进出口商品，由商检机构实施检验。

前款规定的进口商品未经检验的，不准销售、使用；前款规定的出口商品未经检验合格的，不准出口。

本条第一款规定的进出口商品，其中符合国家规定的免予检验条件的，由收货人或者发货人申请，经国家商检部门审查批准，可以免予检验。

第六条 必须实施的进出口商品检验，是指确定列入目录的进出口商品是否符合国家技术规范的强制性要求的合格评定活动。

合格评定程序包括：抽样、检验和检查；评估、验证和合格保证；注册、认可和批准以及各项的组合。

对本条第一款规定的进出口商品检验，商检机构可以采信检验机构的检验结果；国家商检部门对前述检验机构实行目录管理。

第七条 列入目录的进出口商品，按照国家技术规范的强制性要求进行检验；尚未制定国家技术规范的强制性要求的，应当依法及时制定，未制定之前，可以参照国家商检部门指定的国外有关标准进行检验。

第八条 其他检验机构可以接受对外贸易关系人或者外国检验机构的委托，办理进出口商品检验鉴定业务。

第九条 法律、行政法规规定由其他检验机构实施检验的进出口商品或者检验项目，依照有关法律、行政法规的规定办理。

第十条 国家商检部门和商检机构应当及时收集和向有关方面提供进出口商品检验方面的信息。

国家商检部门和商检机构的工作人员在履行进出口商品检验的职责中，对所知悉的商业秘密负有保密义务。

6.1.2 商品检验的类别

1. 按商品检验目的分类

商品检验依据检验目的不同，可分为生产检验、验收检验和第三方检验三种。

（1）生产检验。生产检验又称第一方检验，是商品生产者为了维护企业信誉、保证商品质量而对原材料、半成品和成品进行检验的活动。经生产检验合格的商品需用"检验合格证"加以标识。

（2）验收检验。验收检验又称第二方检验，是指商品的买方为了维护自身及顾客利益，保证所购商品的质量满足合同的规定或标准的要求所进行的检验活动。

（3）第三方检验。第三方检验是指处于买卖利益之外的第三方，以公正、权威的非当事人身份根据有关法律、法规、合同或标准所进行的商品检验。其目的在于维护各方的合法权益和国家利益，协调矛盾，使商品的交易活动能够顺利有序地进行。

2. 按检验商品的相对数量分类

商品检验根据检验商品的相对数量不同，可分为全数检验、抽样检验和免于检验三种。

（1）全数检验。全数检验也称百分之百检验，是对被检批次商品逐个地进行检验。其特点是能提供较多的质量信息，但检验量大、费用高、易造成检验人员疲劳而导致漏检或错检等现象。全数检验适用于批量小、质量特性少且不稳定、较贵重、非破坏性检验，如照相机、手表、彩电、冰箱等。

（2）抽样检验。抽样检验是指按照事先已确定的抽样方案，从被检批次商品中随机抽取少量样品，组成样本，再对样品逐一测试，并将检验结果与标准或合同技术要求进行比较，最后由样本质量状况统计推断受检批次商品整体质量是否合格的检验。抽样检验的商品数量相对较少，节约费用，并且具有一定的科学性和准确性，但提供的质量信息少。抽样检验适用于批量大、价值低、质量特性多且质量较为稳定的商品检验，如矿泉水、糕点、乳制品等。

（3）免于检验。免于检验是指对生产技术和检验条件较好、质量控制具有充分保证、成品质量长期稳定的生产企业的商品，在企业自检合格后，商业和外贸部门可以直接收货，免于检验。获得免检的产品，可按规定自愿在商品或其品牌、包装物、使用说明书、质量合格证上使用免检标志。2008年9月，原国家质量监督检验检疫总局发布2008年第99号《关于停止实行食品类生产企业国家免检的公告》，宣布取消食品业的国家免检制度，所有已生产的产品和印制在包装上已使用的国家免检标志不再有效，同时严禁企业以"国家免检"做广告宣传。

3. 按检验是否具有破损性分类

商品检验按检验是否具有破损性，可分为破损性检验和非破损性检验。

（1）破损性检验。破损性检验是指为了对商品进行各项技术指标的测定、试验，经测定、试验后的商品遭受破坏，甚至再无法使用的检验，如对加工食品罐头、饮料及茶类的检验。

（2）非破损性检验。非破损性检验是指经过检验的商品仍能发挥其正常使用性能的检验，如对电器类、黄金首饰、钟表类的检验。

6.1.3 商品检验的内容

1. 商品质量检验

商品质量检验是指运用各种检验手段，对商品的质量、规格、等级等进行检验，以便确定其是否符合购销合同、标准等规定。

商品质量检验包括对商品的外形、款式、花样、色泽、气味、触感、疵点、种类、化学成分、有害物质的限量、物理性能、机械性能、工艺质量、使用效果等的检验。

> **知识拓展**　　　　贵金属类产品检验内容及流程
>
> 贵金属类产品检验流程如下：接样→检验[肉眼观察（目测）、放大检查（10倍放大镜、宝石显微镜）、贵金属含量测量（测金仪）、数据处理及不确定度计算（软件）]→照相→称重→电子信息处理→打印证书→发证退样。

行业动态

质量检验，为高品质发展保驾护航

2022年，全国首家省级地理标志产品检验检测中心落地宝鸡。陕西省是果蔬农作物种植和地理标志产品大省，农产品质量安全一头关乎民生安全，一头影响着区域特色经济发展。2021年，陕西省有关政府管理部门在批准眉县检验检测中心创建陕西省果蔬及加工产品质量检验检测中心的基础上，推动眉县检验检测中心筹建全国首家省级地理标志产品检验检测中心，即陕西省地理标志产品检验检测（宝鸡）中心。该中心的成立将进一步巩固陕西省第一产业基础，筑牢经济发展的"安全线"。

2023年，全国首家国家烃基清洁能源产品质量检验检测中心（广东），在广州成立。烃基清洁能源是基于烃类化合物的能源产品，化学组成主要为碳、氢两种元素。热门的烃基清洁能源有生物质燃油、可燃冰。烃基清洁能源国检中心由广州市市场监管局直属机构——广州能源院申报筹建，是广州能源院继国家储能产品质量检验检测中心（广东）后，成功筹建的第二个国家质检中心。烃基清洁能源国检中心的成立，契合清洁低碳能源战略新兴产业发展，下一步，该中心将聚焦我国烃基清洁能源产业，发挥平台效应和行业引领作用，积极开展烃基清洁能源监督检测、标准制订、技术研发以及专业人才培养工作，为健全我国清洁低碳能源标准体系、规范行业市场、引领我国清洁低碳能源行业高质量发展做出积极贡献。

安全问题直接关系到广大人民群众的身体健康和生命安全，关系到国家经济健康发展和社会和谐稳定。各行业、各领域产品检验检测中心的成立对规范产品生产、经营及使用行为，防范产品安全事故发生，有效增强产品安全监管工作的规范性、科学性和有效性，提高我国商品安全监管整体化水平，具有重要意义。

2. 商品包装检验

商品包装检验是根据购销合同、标准或其他有关规定，对进出口商品或内销商品的外包装和内包装以及包装标志进行检验。

包装检验首先应核对运输包装上的商品包装标志（标记、号码等）是否与有关标准的规定或贸易合同相符，然后对商品的所有包装进行检验。

> **知识拓展** 　　　　　进口商品包装检验的流程
>
> 对进口商品主要检验外包装是否完好无损，包装材料、包装方式和衬垫物等是否符合合同规定要求。
>
> 对外包装破损的商品，要另外进行验残，查明货损责任方以及货损程度。
>
> 对发生残损的商品要检查其是否由于包装不良所引起。
>
> 对出口商品的包装检验，除包装材料和包装方法必须符合外贸合同、标准规定外，还应检验商品内外包装是否牢固、完整、干燥、清洁，是否适于长途运输和保护商品质量、数量的习惯要求。
>
> 商检机构对进出口商品的包装检验，一般抽样或在当场检验，或进行衡器计重的同时结合进行。
>
> 包装检验不合格范围包括：
>
> 1．纸箱
>
> （1）箱身塌陷或破烂。
>
> （2）采用黏合剂封盖或用胶带封口而未经封盖封口的。
>
> （3）黏胶剂或黏胶带黏合力不强，易被揭开重封而不留撕痕的。
>
> 2．木箱、木桶
>
> （1）箱板、木档断折，木档短缺或钉子松脱。
>
> （2）打包铁皮和腰箍松弛、断损、脱落或打包铁皮接头不衔接。
>
> （3）箱身、桶身有腐朽板或树皮板。
>
> （4）木桶有裂缝或桶塞、桶盖松动脱落。
>
> 3．铁桶、塑料桶
>
> （1）渗漏严重。
>
> （2）桶身有裂缝或孔隙。
>
> （3）桶盖脱落或被损坏。
>
> 4．各种袋子
>
> （1）缝口松散，表皮破烂或严重钩损、撕损。

（2）捆扎带或绳索断损、松脱、缺道，缝合线断线、脱线或漏缝，以致包件严重变形的。

5．其他异常情况

（1）货物移动时，箱内货物有晃动或有破碎声响。

（2）散把、破包、渗漏或商品外露的。

（3）包装严重污染或霉损的。

（4）有浸湿痕迹和严重受潮的。

（5）有腐烂或严重异味的。

（6）摔坏或破烂的货件。

（7）需要有指示性、警告性的包装标志，而货件上标志短缺或模糊不清的。

3．商品卫生检验

商品卫生检验主要是根据《中华人民共和国食品安全法》《化妆品监督管理条例》《中华人民共和国药品管理法》等法规，对食品、食品包装材料、药品、化妆品、玩具、纺织品、日用器皿等商品进行卫生检验，检验其是否符合卫生条件，以保障人们健康，维护国家信誉。

知识拓展　　　　人工泳池水质指标卫生要求

游泳池水质的好坏对游泳爱好者的健康有着很大的影响。2019年实施的《公共场所卫生指标及限值要求》（GB 37488—2019）对游泳池水质卫生做出了明确要求，每个游泳场所都应严格按照泳池水质卫生标准执行。

人工泳池水质指标卫生要求

指标	要求	备注
游泳池水浑浊度/NTU	≤1	—
pH	7.0～7.8	—
游离性余氯/（mg/L）	0.3～1.0	使用氯气及游离氯制剂消毒时要求
化合性余氯/（mg/L）	≤0.4	使用氯气及游离氯制剂消毒时要求
浸脚池游离性余氯/（mg/L）	5～10	—
臭氧/（mg/m^3）	≤0.2	使用臭氧消毒时要求，水面上方20cm空气中浓度
氧化还原电位（ORP）/mV	≥650	采用氯和臭氧消毒时
氰尿酸/（mg/L）	≤50	使用二氯异氰尿酸钠和三氯异氰尿酸消毒时要求
尿素/（mg/L）	≤3.5	—

(续)

指标	要求	备注
菌落总数/（CFU/mL）	≤200	—
大肠菌群/（CFU/100mL或MPN/100mL）	不得检出	—
其他毒理指标	按GB 5749—2022执行	根据水质情况选择

> **学习探究**
>
> 游泳是一项老少皆宜的健身运动，但从数据来看，每年游泳场馆投诉案件大多与水质问题有关。同学们，你是否有辨别游泳池水质优劣的窍门和方法呢？大家一起讨论一下。

4. 商品安全性能检验

商品安全性能检验是根据国家规定、标准，对商品有关安全性能方面的项目进行检验，如易燃、易爆、易触电、易受毒害、易受伤害等，以保证生产、使用和生命财产的安全。

> **知识拓展** 　　2024年最新电梯检验检测规则
>
> 为着力提升电梯质量安全水平，不断满足人民群众日益提高的安全、便利乘梯需求，国家市场监督管理总局发布《电梯监督检验和定期检验规则》（TSG T7001—2023）和《电梯自行检测规则》（TSG T7008—2023），来实现电梯检验检测改革成果制度化、长效化。两个规则于2024年4月全面实施，辽宁、山西、上海、安徽、贵州、甘肃、青海、宁波等地于2024年1月1日起按照两个规则实施电梯定期检验和自行检测工作。
>
> 此次电梯检验检测改革措施有如下亮点：①强化新装电梯检验要求，提升电梯本质安全水平；②强化电梯检验技术监督作用，提高检验工作效能与服务质量；③强化电梯自行检测，落实使用单位安全主体责任。
>
> 接下来，国家市场监督管理总局将以两个规则实施为契机，进一步压实生产、使用单位安全主体责任，强化电梯技术监督，不断促进电梯质量安全水平提升，保障人民群众安全乘梯。

5. 商品数量和重量检验

商品的数量和重量是贸易双方成交商品的基本计量与计价单位，是结算的依据，直接关系到双方的经济利益，是贸易中最敏感且最容易引起争议的因素。商品的数量和重量检验主要包括对商品的个数、件数、长度、面积、体积、容积、重量等检验。

新规速览

酒驾最新检验标准实施

关于酒驾，国家发布了《血液、尿液中乙醇、甲醇、正丙醇、丙酮、异丙醇和正丁醇检验》（GB/T 42430—2023）国家标准，该标准于2024年3月1日起实施。新标准更严格，按血液中乙醇的含量的不同重新划分等级：驾驶员血液中乙醇含量超过0.20mg/mL为饮酒驾驶，属于违法行为；大于或等于0.80mg/mL为醉驾，属于犯罪行为。检验线性范围为0.1mg/mL～3mg/mL。新标准更准确，将血液和尿液中乙醇的检测方法分为两种，分别是气相色谱法和电化学传感器法；旧国标只规定了气相色谱法作为实验室检测方法，而没有规定现场检测方法。新标准更公正，将血液中乙醇含量与呼吸中乙醇含量之间的换算系数从2100调整为2300。这是基于最新的科学研究和统计数据而定的，更符合中国人的体质和代谢特点。新标准为各类鉴定机构开展血液中酒精含量检验技术工作提供了标准方法。

6.2 商品检验方法

6.2.1 感官检验法

感官检验法又称感官分析、感官检查、感官评价，是指借助人感觉器官的功能和实践经验来检测、评价商品质量的一种方

微课10 感官检验法

法。其具体做法是：利用人的眼、耳、口、鼻、手的感知去判定或评价商品的外形结构、外观疵点、色泽、声音、滋味、气味、弹性、硬度、光滑度、包装和装潢等的质量情况，并对商品的种类、品种、规格、性能等进行识别。

感官检验法简便易行、快速灵活，不需要专门的仪器设备和特定场所，不易损坏商品，且成本较低。但是，感官检验法不能检验商品的内在质量，检查的结果难以用准确的数字而只能用比较性或定性词语表示，易受检验人知识、经验、审美观和感官灵敏度的影响，检验结果带有一定的主观片面性。

感官检验法按照人的感觉器官的不同，分为视觉检验法、听觉检验法、味觉检验法、嗅觉检验法和触觉检验法。

1. 视觉检验法

视觉检验法是用人的视觉器官（眼）来检查商品的外形、结构、色泽、新鲜度、整齐度、疵点和包装等质量特性的检验方法。为提高视觉检验法的可靠性，要求在标准照明条件下进行检验，并且要对检验人员进行必要的挑选和专门的培训。视觉检验法适用商品包括家电、服装、地板等。

知识拓展　　利用视觉检验法检验牛奶质量

1. 色泽鉴别

良质鲜乳——为乳白色或稍带微黄色。

次质鲜乳——色泽较良质鲜乳差，白色中稍带青色。

劣质鲜乳——呈现粉色或显著的黄绿色，或是色泽灰暗。

2. 组织状态鉴别

良质鲜乳——呈均匀的流体，无沉淀、凝块和机械杂质，无黏稠和浓厚现象。

次质鲜乳——呈均匀的流体，无凝块，但可见少量微小颗粒，脂肪聚黏表层呈液化状态。

劣质鲜乳——呈稠而不均匀的溶液状，有乳凝结成的致密凝块或絮状物。

---

2. 听觉检验法

听觉检验法是凭借人的听觉器官（耳）来检查商品质量的检验方法，如检验玻璃制品、金属制品、瓷器、木器有无裂纹或其他内在缺陷；评价乐器、收音机、音响的音质音量；检查冰箱、空调器、抽油烟机、电动剃须刀、电吹风机等家用电器的噪声；评定瓜果的成熟度、蛋品的新鲜度等。

知识拓展　　　　利用听觉检验法检验鸡蛋质量

　　人们在购买鸡蛋时，常将鸡蛋放在耳边轻轻摇晃，如有明显的晃动声音，就说明鸡蛋放置时间较长，不是十分新鲜了。此种方法就是采用听觉检验法来检验蛋品的新鲜度。

课堂训练

　　通过声音来检验鸡蛋的新鲜度的原理是什么？你还能说出哪些商品也可以借助听觉检验法来检测其品质？

3. 味觉检验法

　　味觉检验法是用人的味觉器官（舌）来检查有一定味道的商品质量的检验方法，如糕点、糖、烟、酒、茶、调味品以及药品等。人的味觉常受嗅觉、触觉、视觉及温度、时间、疾病等因素的影响，因此，要求检验人员必须具有辨别基本味觉（甜、酸、苦、咸）特征的能力；要求被检样品与对照样品所处的温度一致；要求在饭前一小时或饭后两小时进行，且检验前后要用温开水漱口。

知识拓展　　　　利用味觉检验法检验牛奶质量

　　良质鲜乳——具有鲜乳独具的纯香味，滋味可口而稍甜，无其他任何异味。
　　次质鲜乳——有微酸味（表明乳已开始酸败），或有其他轻微异味。
　　劣质鲜乳——有酸味、咸味、苦味等。

4. 嗅觉检验法

　　嗅觉检验法是通过人的嗅觉器官（鼻）来检查商品的气味，进而评价商品质量的检验方法。嗅觉检验法广泛应用于食品、药品、化妆品、家用化学制品、香精、香料等商品的质量检验，还应用于鉴别纺织纤维、塑料等燃烧气味的差异。嗅觉对人类来说可能是属于较退化的一种感觉机能，因此，要求对检验人员要进行严格的测试、挑选和专门培训；检验的时间不要太长；检验场所要空气清新，无烟味、臭味、霉味和香味等。

知识拓展　　　　利用嗅觉检验法检验牛奶质量

　　良质鲜乳——具有鲜乳独具的乳香味，无其他任何异味。
　　次质鲜乳——具有牛乳固有的香味，但有轻微的异味。
　　劣质鲜乳——有明显的异味，如酸臭味、金属味、鱼腥味、汽油味等。

5. 触觉检验法

触觉检验法是利用人的触觉来评价商品质量的检验方法。触觉和痛觉、热觉、冷觉等一同参与感官检验。人手指的触觉感受性较高，因此，触觉检验法通常是通过手来进行检验的，可采用手按、拉、捏、揉、摸、折、弯等手段，根据手感来评定商品的质量。触觉检验法主要用于检查纸张、塑料、纺织品、食品等商品的表面特性、强度、厚度、软硬度、干湿度、冷热度、黏度、弹性、韧性等质量特性。触觉检验法要求对检验人员进行专门的培训，并保持手指皮肤处于正常状态。

> **知识拓展　　纺织行业织物触感新标准**
>
> 《纺织品 织物触感检测与评价方法 多指标集成法》（FZ/T 01166—2022）于2022年10月1日实施，这是我国第一个规定了如何通过多指标仪器对纺织品手感和触感进行测试和评价的纺织行业标准。以往，消费者在选购服装时一般流程为"眼看→手摸→试穿"，手感和穿着的舒适感是极为抽象的，难以量化也难以描述，导致了消费者与服装零售商、面料供应商或服装设计师之间无法对织物手感触感要求进行准确表达和清楚交流。同时，电商行业的快速发展也为网店服装手感信息的数值化传递提出了新的要求。为了能客观地表达织物的触感，满足面料开发商、服装品牌及制造商对建立定制手感主观评价指标客观量化方法的迫切需求，制定了该标准。该标准建立了一种将手感主观评价指标客观量化的综合检测和评价方法，对织物及服装产品的科学选料和正确评价提供了统一的客观测试依据。

📖 拓展阅读 ▶ ▶

走进非遗——用精湛技艺确保尽善尽美的茶叶质量

铁观音，属青茶类，原产于福建泉州市安溪县西坪镇，是我国十大名茶之一。铁观音独具"观音韵"，清香雅韵，冲泡后有天然的兰花香，滋味纯浓，香气馥郁持久，有"七泡有余香"之誉。除具有一般茶叶的保健功能外，还具有抗衰老、减肥健美、防治龋齿、清热降火等功效。铁观音的制作工艺精湛独特，涵盖晒青、摇青、晾青、杀青、揉捻、初烘、初包揉、复烘、复包揉、烘干10道工序。这套精湛且独特的制茶技艺，被列入第二批国家级非物质文化遗产名录。2022年5月，"安溪铁观音茶文化系统"被正式认定为全球重要农业文化遗产。

摇青是指将茶叶鲜叶放入摇青机滚筒中滚动摩擦。晾青是指摇青后要及时把茶叶倒出，均匀平铺进行静置。在制作过程中摇青与晾青要反复进行4~5次，两者相间进行，称为做青。做青是铁观音制作中最复杂、最核心的制作工序，有经验的制茶师傅们需要不断试验，凭借精湛技艺通过眼看、鼻闻、手摸、光照等方法，观察叶色、叶态、气味等变化的程度，确保尽善尽美的产品质量。

中国是茶的故乡，是茶文化的发源地，很多人喜欢饮茶，喜爱茶文化，这与一代代茶农师傅们的努力与匠心坚守有着密切的关系。他们凭借敬业、精益、专注、创新的匠人精神为中国传统文化的传承添砖加瓦。

6.2.2 理化检验法

理化检验法是在实验室的一定环境条件下，利用各种仪器、器具和试剂等手段，运用物理、化学及生物学的方法来测试商品质量的方法，主要用于检验商品成分、结构、物理性质、化学性质、安全性、卫生性以及对环境的污染和破坏性等。理化检验法根据其使用原理可分为物理检验法、化学检验法和生物学检验法。

1. 物理检验法

物理检验法是运用各种物理仪器、量具对商品的各种物理性能和指标进行测试检验，以确定商品质量的方法。根据测试检验的内容不同，可分为度量衡检验法、光学检验法、热学检验法、力学检验法、电学检验法等。

（1）度量衡检验法。度量衡检验法是通过各种量具、量仪、天平、秤或专业仪器来测定商品的一些基本物理量，如长度、细度、面积、体积、厚度、重量（质量）、密度、容重、粒度、表面光洁度等。例如，测量纤维的长度、细度，粮食的重量，水果个体的体积都是采用度量衡检验法。通常而言，这些基本的物理量指标往往是商品贸易中的重要交易条件。

（2）光学检验法。光学检验法是利用光学仪器（光学显微镜、折光仪、旋光仪等）来检验商品光学特性的方法。光学显微镜用于观察商品的细微结构，进而判定商品的使用性能；折光仪用于测定液体的透射率，通过透射率的测定可分析液体商品的品质，如通过测定油脂的透射率可判定油脂的新陈与掺杂情况；旋光仪是通过对旋光性物质（如糖、葡萄糖）的旋光度进行测定，从而判定旋光性物质的纯度。

（3）热学检验法。热学检验法是使用热学仪器测定商品热学特性的方法。商品的热学特性有沸点、熔点、凝固点、耐热性等。

（4）力学检验法。力学检验法是通过各种力学仪器测定商品的力学（机械）

性能的检验方法。这些性能主要包括商品的抗拉强度、抗压强度、抗弯曲强度、抗冲击强度、抗疲劳性能、硬度、弹性、耐磨性等各方面的力学（机械）性能。

（5）电学检验法。电学检验法是利用电学仪器测定商品的电学方面质量特性的检验方法。电学特性包括电阻、电容导电率、介电常数等。电器类商品的电学特性直接决定商品的质量。

2. 化学检验法

化学检验法是用化学试剂和仪器对商品的化学成分及其含量进行测定，从而判定商品品质的检验方法。化学检验法按检验手段不同，可分为化学分析检验法和仪器分析检验法。

（1）化学分析检验法。化学分析检验法是根据检验过程中试样和试剂所发生的化学反应和在化学反应中试样和试剂的用量，鉴定商品的化学组成和化学组成中各成分的相对含量的检验方法。以物质的化学反应为基础的化学分析检验法是一种传统的化学检验法，它所需设备简单、准确度高，是其他化学检验法的基础，又称常规分析法。

（2）仪器分析检验法。仪器分析检验法是采用光学、电化学方面较为复杂的仪器，通过测量商品的光学性质、电化学性质来确定商品的化学成分的种类、含量以及化学结构，以判断商品品质的检验方法。

> **知识拓展** 　　　　　清香型白酒理化检验要求
>
> 《白酒质量要求 第2部分：清香型白酒》（GB/T 10781.2—2022）中明确规定，清香型白酒应符合以下理化检验要求。
>
> | 项目 | | 特级 | 优级 | 一级 |
> |---|---|---|---|---|
> | 酒精度/%vol | | \multicolumn{3}{c}{21.0～69.0} | | |
> | 固形物/（g/L） | | \multicolumn{3}{c}{≤0.50} | | |
> | 总酸/（g/L） | 产品自生产日期≤一年执行的指标 | ≥0.50 | ≥0.40 | ≥0.30 |
> | 总酯/（g/L） | | ≥1.10 | ≥0.80 | ≥0.50 |
> | 乙酸乙酯/（g/L） | | ≥0.65 | ≥0.40 | ≥0.20 |
> | 总酸+乙酸乙酯+乳酸乙酯[①]／（g/L） | 产品自生产日期>一年执行的指标 | ≥1.60 | ≥0.60 | ≥0.40 |
>
> ① 按45.0%vol酒精度折算

6.2.3　生物学检验法

生物学检验法主要是用于对食品、动植物及其制品、医药类商品进行检验，它包括微生物学检验和生理学检验。目前，我国对食品，如肉及肉制品、乳及乳制品、蛋品、水产、清凉饮料、罐头、糕点、调味品、蔬菜、瓜果、豆制品、酒类等饮用水、口服及外用药品、化妆品及需要灭菌的商品均规定了卫生标准，严格进行微生物检验。生物学检验法分为微生物学检验法和生理学检验法。

（1）微生物学检验法是对商品中有害微生物存在的种类及其数量进行的检验，是判定商品卫生质量的重要手段。有害微生物有大肠菌群、致病菌等，它们直接危害人体健康及商品的储存安全。

（2）生理学检验法是用于测定食品可消化率、发热量、维生素种类和含量、矿物质含量等指标的检验方法。

行业动态

智享科技——"机器狗"智能巡检员上岗了

智能检测技术是利用计算机、物联网、大数据和人工智能等先进技术，对各种设备和系统进行实时监测和故障诊断的技术。它通过高度集成的传感器和数据处理能力，能够实现快速、准确的检测，并对数据进行分析和判断，以提高生产效率和产品质量。智能检测技术具有检测精度高、工作效率高及不受人为因素干扰等优势，在满足大批量检测连续性、一致性和可靠性要求的同时，能将人从恶劣检测环境、高机械性重复性的劳动中解放出来，并且可以很好地适应各种工业应用场景，极大地提高工业产品检测过程的柔性化和智能化水平。智能检测技术的发展对于推动智能制造、提升制造业竞争力具有重要意义。目前，智能检测技术在工业制造、医疗健康、安防监控、装备维护、电子、钢铁、石化和纺织等多个领域都有广泛的应用。

在国网湖北超高压公司500kV玉贤变电站，被称为"机器狗"的电力巡检机器人通过验收并投入使用；在湖南首座交流特高压变电站，同样有一只名为"机器狗"的电力5G四足巡检机器人正在执行巡检任务。"机器狗"可以替代人工开展温度测量、缺陷跟踪等工作，可以24h智能化巡检。

在湖南首座交流特高压变电站
被称为"机器狗"的电力5G四足巡检机器人执行巡检任务

6.3 商品品级

6.3.1 商品品级划分原则

商品品级是指对同一品种的商品，按其达到商品质量标准的程度所确定的等级。它是表示商品质量高低优劣的标志，也是表示商品在某种条件下适合其用途大小的标志，是商品鉴定的重要内容之一。商品品级的划分有助于区分商品的质量高低，满足不同消费者的需求，同时也方便了商品的定价和交易。

商品品级通常用等或级的顺序来表示，其顺序反映商品质量的高低，如一等（级）、二等（级）、三等（级）或甲等（级）、乙等（级）、丙等（级）、丁等（级）等。例如，国家标准《山竹质量等级》（GB/T 41625—2022）规定了山竹鲜果在符合基本要求的前提下分为特级、一级和二级等质量等级；山竹鲜果大小规格分为大（L）、中（M）和小（S）三个规格。

又如，国家标准《肉桂产品质量等级》（GB/T 42780—2023）规定了依据肉桂产品形态差异，将肉桂分为板桂、桂通、烟仔桂、桂碎、桂枝。板桂和桂通均分为一级、二级、三级，烟仔桂分为一级、二级，其中一级为最优；桂碎、桂枝为统级。肉桂产品感官指标见表6-1。

表6-1 肉桂产品感官指标

产品	分级	项目	要求
板桂 桂通	一级、二级、三级	色泽	不削皮产品外侧为棕灰色，带或不带灰白斑，内侧及削皮产品的内、外侧均为棕色或棕黄色
		表观	外表平整或较平整，无霉变，无虫蛀
		滋味和气味	甜辛辣，具有肉桂的特征香气
烟仔桂	一级	色泽	棕色或棕黄色
		表观	通直，外表平整，卷边闭合，无霉变，无虫蛀
		滋味和气味	甜辛辣，具有肉桂的特征香气
	二级	色泽	棕色或棕黄色
		表观	较通直，无霉变，无虫蛀
		滋味和气味	甜辛辣，具有肉桂的特征香气
桂碎	统级	色泽	外侧为棕灰色，带或不带灰白斑，内侧为棕色或黄色
		表观	无霉变，无虫蛀，无杂质
		滋味和气味	甜辛辣，具有肉桂的特征香气
桂枝	统级	色泽	皮部红棕色至棕褐色，切面木部黄白色至黄棕色
		表观	无霉变，无虫蛀，无杂质
		滋味和气味	味甜微辛辣，具有肉桂的特征香气，皮部较浓

6.3.2 商品品级划分方法

商品品级划分的方法很多，一般有百分法和限定法两种方法。

1. 百分法

百分法是将商品各项质量指标规定为一定的分数，其中重要的质量指标所占分数高，次要的质量指标所占分数低。各项质量指标完全符合标准规定的总分为100分，如果某一项或几项质量指标达不到标准规定的要求，相应扣分，则相应降低等级。这种方法在食品商品评级中被广泛采用。例如，酒的评分方法满分为100分，各项质量指标的分数如下：

白酒：色10分、香25分、味50分、风格15分。

啤酒：色10分、香20分、味50分、泡沫20分。

葡萄酒：色20分、香30分、味40分、风格10分。

香槟酒：色15分、香20分、味40分、风格10分、气15分。

其中，风格是指香与味的结合。

2. 限定法

限定法是将商品的各种质量缺陷规定为一定的限量，以此确定商品的品级。限定法有限定记分法、限定数量与程度法。

（1）限定记分法。限定记分法是指将商品的各种质量缺陷规定为一定的分数，由缺陷的分数总和来确定商品的品级。质量缺陷越多，分数的总和越高，则商品的品级越低。该方法主要用于工业品商品分级。

（2）限定数量与程度法。限定数量与程度法是指在标准中规定商品每个等级中，限定疵点的种类、数量和疵点程度。例如，日用工业品中全胶鞋质量指标共有13个感官指标，其中，鞋面起皱或麻点在一级品中规定"稍有"、二级品中规定"有"，鞋面砂眼在一级品中规定"不许有"等。

知识与技能训练

知识小测

一、名词解释

1. 商品检验

2．感官检验法

3．商品品级

二、不定项选择题

1．商品检验依据其目的的不同，可分为（　　）三种类型。

A．生产检验　　　　　　　　B．验收检验

C．第三方检验　　　　　　　D．免于检验

2．感官检验的方法有（　　）。

A．视觉检验法　　　　　　　B．味觉检验法

C．触觉检验法　　　　　　　D．听觉检验法

E．嗅觉检验法

三、判断题

1．对矿泉水、糕点、乳制品等商品进行检验，应采用全数检验法。（　　）

2．质量检验包括对商品的外形、体积、色泽、触感、疵点、商品的化学成分、有害物质的限量等检验。（　　）

3．企业所生产的商品，只要自检合格就可以拿到市场上出售。（　　）

4．人们在购买鸡蛋时，常将鸡蛋放在耳边轻轻摇晃，实际上这是通过听觉检验法在检验鸡蛋的质量。（　　）

5．人手指的触觉感受性较高，因此，触觉检验法通常是通过手来进行检验。（　　）

案例分析

案件1

A公司出口某种化工原料，共500t，合同规定以"单层新麻袋，每袋50kg"包装，但A公司装船发货时发现单层新麻袋只够装450t货物，其余50t货物只好采用一种更结实、价格也比单层新麻袋更贵的涂塑袋包装。请问当B公司接到货物时可以要求A公司赔偿吗？

案件2

某小区居民网购了一件工艺品，由小区物业代收。然而，该居民拆封检验后发现工艺品有破损，于是找物业公司和快递公司理论。物业与快递公司均说不是自己的责任，请问该如何解决？

技能训练

利用感官检验法检验商品质量

一、训练内容

根据所给资料内容检验啤酒、蜂蜜两种商品的质量。

二、训练目的

1．能进一步了解商品检验的方法。
2．能做到利用感官检验法检验商品的质量。
3．能借助所学知识鉴别常见商品的质量问题。

三、训练指导

1．布置任务：将教学班学生按3～5人的标准划分成若个任务小组，以小组的方式完成任务。
2．任务要求：各任务小组根据所给资料内容检验啤酒、蜂蜜的质量。
3．课堂陈述：各任务小组成员陈述检验结果。
4．评价效果：各小组代表陈述后，指导老师点评该次技能训练的情况，并给予相应的表扬与奖励。

项目一　利用感官检验法检验啤酒质量

啤酒是日常生活中最受喜爱的饮品之一，以淡色啤酒为例其检验方法如下：

1. 色泽鉴别

良质啤酒：酒液浅黄色或微带绿色，不呈暗色，有醒目光泽，清亮透明，无小颗粒、悬浮物或沉淀物。

次质啤酒：色淡黄或稍深，透明，有光泽，有少许悬浮物或沉淀物。

劣质啤酒：色泽暗而无光或失光，有明显悬浮物或沉淀物，有可见的小颗粒，严重者酒体混浊。

2. 泡沫鉴别

良质啤酒：注入杯中立即有泡沫窜起，起泡力强，泡沫厚实且盖满酒面，沫体洁白细腻，沫高占杯子的1/2～2/3；同时可见细小如珠的气泡自杯底连串上升，经久不失。泡沫挂杯持久，可持续4分钟以上。

次质啤酒：倒入杯中泡沫升起较高较快，色泽较洁白，挂杯时间持续2分钟以上。

劣质啤酒：倒入杯中稍有泡沫且消散很快，或完全不起泡沫；起泡者泡沫粗黄，不挂杯，似一杯冷茶水状。

3. 香气鉴别

良质啤酒：有明显的酒花香气和麦芽清香，无生酒花味、无老化味、无酵母味，也无其他异味。

次质啤酒：有酒花香气但不显著，没有明显的怪异气味。

劣质啤酒：无酒花香气，有怪异气味。

4. 口味鉴别

良质啤酒：口味纯正，酒香明显，无任何异杂滋味；酒质清冽，酒体协调柔和，杀口力强；苦味细腻、微弱、清爽而愉快，无后苦，有再饮欲。

次质啤酒：口味纯正，无明显异味，但香味平淡、微弱，酒体尚属协调，有一定的杀口力。

劣质啤酒：口味不正，淡而无味，或有明显的异杂味、怪味，如酸味、馊味、铁腥味、苦涩味、老熟味等，也有的甜味过于浓重，更有甚者苦涩难以入口。

啤酒检验单

品牌		生产日期	
酒精度数		检验员	
色泽鉴别			
泡沫鉴别			
香气鉴别			
口味鉴别			
鉴定结果			

项目二　利用感官检验法检验蜂蜜质量

蜂蜜是一种营养丰富的食品，《神农本草经》把蜂蜜列为有益于人的上品，古希腊人认为蜂蜜是"天赐的礼物"。现代医学临床应用证明，蜂蜜可促进消化吸收，增进食欲，镇静安神，提高机体抵抗力。蜂蜜根据采蜜季节不同分为春蜜、夏蜜、秋蜜、冬蜜，其中冬蜜质量最好。如今，食用蜂蜜的消费者人数众多，所以鉴别蜂蜜的真伪、优劣将直接关系到消费者切身利益和健康。蜂蜜的感官检验就是凭借人的视觉、嗅觉、味觉和触觉等感官，对蜂蜜色、香、味、性状、纯度和黏稠度进行检验。

1. 视觉检验

对蜂蜜进行视觉检验应观察蜂蜜的颜色、光泽、透明度和黏稠度。依蜜源品种不同，颜色分布于水白色（近无色）至深色（暗褐色）之间，如龙眼蜜为深棕色、荔枝蜜为浅琥珀色、洋槐蜜近水白色；优质蜂蜜常温下光亮透明，呈黏稠流体状，或部分及全部结晶；在自然光下观察，不得含有蜜蜂肢体、幼虫、蜡屑及正常视力可见杂质（含蜡屑巢蜜除外）。如果蜂蜜色泽暗淡混浊或异常鲜艳、黏稠度较差，说明此蜜质量较差或掺有其他物质。

2. 嗅觉检验

打开蜜瓶盖时，在瓶口嗅闻，新蜜应具有良好的气味和蜜源植物的花香味，无异味；而陈蜜则气味淡薄，特征不明显。可取少许蜂蜜放于手心，反复揉搓，进一步辨别气味。

3. 味觉检验

在品尝纯蜜时，有一种芳香甜润的感觉，甜而微酸，口感绵软细腻，余味轻而长久，独具风格。而质量较次或掺假的蜂蜜，则会出现除香甜味外的其他异味，如掺糖，白糖味较浓；掺淀粉，甜度下降，香味减弱；掺稀糖，摇晃即打开麦芽糖味很浓。

4. 触觉检验

蜂蜜的触觉检验主要是对蜜液黏稠度和结晶状况进行的检验。液状蜂蜜用木棒或筷子在蜜中搅动会感到特别黏稠，阻力很大；用木棒挑起时，流下的蜜液呈线丝状连续不断，落在蜜面上呈折叠状，断丝后的断头回缩性很强，呈珠状落下。如果蜂蜜结晶，取结晶蜜于指间搓压，会呈现绵软易化，无砂粒状感觉，否则可能被掺杂使假。如果蜂蜜中掺有白糖，用手搓捻时会有砂粒感，不易捻碎。

蜂蜜检验单

品牌		生产日期	
蜜源种类		检验员	
视觉检验	颜色		
	光泽		
	透明度		
	黏稠度		

（续）

嗅觉检验	
味觉检验	
触觉检验	

岗位实战

检验检测是国家质量基础设施的重要组成部分，是国家重点支持发展的高技术服务业和生产性服务业。国家产品质量检验检测中心（以下简称"国家质检中心"）是高端检验检测服务的提供者、行业排头兵和技术高地，在提升产品质量、促进技术进步、服务市场监管、推动经济发展等方面发挥着重要技术支撑作用。

国家质检中心是经国家市场监督管理总局批准的国家级产品质量检验机构，为我国产品质量监督、产品质量提升、企业技术进步、地方经济发展等做出了重要贡献。请搜集并整理你感兴趣的行业或即将从事行业的国家检验中心名录，绘制成表格，以备工作所需。

国家检验中心名录

序号	机构名称	法律责任承担单位	所在地	主要产品
1	国家皮革制品质量检验检测中心	中轻检验认证有限公司	北京	皮革制品
2				
3				
4				
5				
6				
7				
8				
9				
10				

第 7 章 商品储运及养护

学习目标

知识目标
- 能叙述商品储存的概念和储运的功能
- 能阐述商品储存管理五项基本要求
- 能说出商品养护的主要措施

能力目标
- 会利用商品储存方法制订1~2种食品储存方案
- 会制订木质、金属类商品养护方案
- 会根据所学知识解决实际问题

素养目标
- 树立发展新质生产力观念

学习导图

商品储运及养护
- 7.1 商品储运
  - 7.1.1 商品储存的概念
  - 7.1.2 商品储运的功能
  - 7.1.3 商品储存的基本要求
  - 7.1.4 商品储运期间质量变化
  - 7.1.5 商品储存的方法
  - 7.1.6 商品运输的主要方式
- 7.2 商品养护
  - 7.2.1 仓库温湿度控制与调节
  - 7.2.2 商品霉腐的防治
  - 7.2.3 仓库害虫的防治
  - 7.2.4 金属制品的防锈蚀
  - 7.2.5 防止商品老化

案例导引

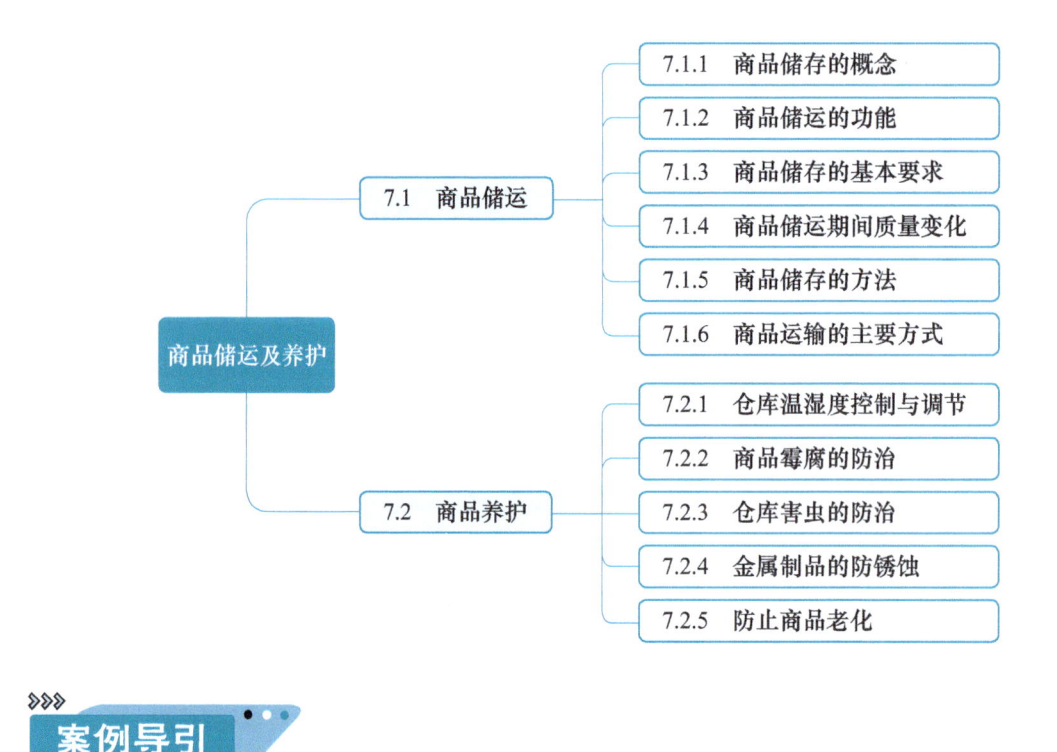

改进贮藏养护方法，确保中药饮片品质

中医药是我国灿烂文化的重要组成部分，不仅承载了我国古代人民同疾病做斗争的经验和理论知识，也凝聚了古代人民对病理考究和认识方面突出的智慧，深受中国人民和世界人民称赞和欢迎。

中药是指在中医药理论指导下用以防治疾病和医疗保健的药物，包括中药材、饮片和中成药。中药是中医学治疗疾病的重要组成部分，是中医学的重要标志之一。然而，中药饮片贮藏养护又是一项专业性、技术性、规范性很强的工作，建立贮藏养护规范对保障中药饮片质量和患者用药安全至关重要。

中药饮片在存放过程中，容易出现变色、风化、走油、潮解、霉变、虫蛀、气味散失等现象，根据中药饮片的特性储存时应采取科学、合理、经济、有效的方法和手段，并符合《中华人民共和国药典》《中华人民共和国药品管理法》《药品标准管理办法》及省、自治区、直辖市中药饮片炮制规范要求。例如，中药饮片库房应宽敞、明亮，地面、墙面、屋顶应平整、洁净、无污染、易清洁，工作场地、操作台面应保持清洁卫生，贮藏区不得存放与中药饮片无关的物品。中药饮片贮藏应采用专业设施设备，如应具有调温、调湿、通风、排水设备，有防火、防盗、防潮、防虫、防鼠及避光、遮光等设施，配备药架、贵细药品柜、毒麻药品柜、冷藏柜、紫外灯等设备。通过控制、调节贮藏条件，对中药饮片贮藏质量进行检查及维护，达到有效防止中药饮片质量变异，确保贮藏质量。

案例启示：严格按照中药饮片贮藏养护规范操作，将进一步提升医疗机构中药饮片贮藏和养护水平，确保中药饮片品质，保障患者用药安全有效。

基础知识

7.1 商品储运

7.1.1 商品储存的概念

商品储存是指商品在生产、流通领域中的暂时停泊和存放过程。它是以保证商品流通和再生产过程的需要为限度。商品储存通过自身的不断循环，充分发挥协调商品产、销矛盾的功能，而成为促进商品流通以至整个社会再生产不可缺少的重要条件。

储存作为一种普遍存在的社会经济现象，表现为三种形态，即生产储存、流通储存和国家储备。

1. 生产储存

生产储存是生产企业为了满足生产消耗的需要，保证生产的连续性和节奏性而建立的储存，包括原材料、半成品的储存，以及对辅助生产用的工具、零件、设备乃至劳保用品的储存。

2. 流通储存

流通储存是为了满足生产和生活消费的需要，补充生产和生活消费储备的不足而建立的储存。其中有商业和物资部门为了保证销售和供应而建立的物资和商品储存、生产企业待销待运的成品储存，以及在车站、码头、港口、机场中等待中转运输和正在运输过程中的物资和商品。

3. 国家储备

国家储备是指为保证社会再生产和经济发展战略与国防发展战略的需要，由国家建立和掌握的重要物资储备，是国家为了应对自然灾害、战争和其他意外事件而建立的长期性储备,如粮食、燃料、钢铁等储备等。

7.1.2 商品储运的功能

商品储运是商品流通的重要环节之一,它随着物资储存的产生而产生,又随着生产力的发展而发展。现代商品储运的功能越来越强大,其基本功能主要体现在以下几个方面。

1. 储存功能

现代社会生产的重要特征是专业化和规模化,劳动生产率极高,产量巨大。绝大多数产品不可能被即时消费,需要经过仓储进行储存以避免生产过程堵塞,从而确保生产过程能够持续进行。同时,生产所使用的原材料、半成品、工具等也需要合理储备,才能满足生产的需要。尤其是季节性仓储,可以为企业营销创造良机。

2. 调节功能

储运在物流中起到了"蓄水池"的作用,人们需求所具有的持续性与产品的季节性、批量性生产与集中供给之间,存在着时间上和空间上的矛盾。通过仓储将集中生产的产品进行储存,持续地向消费者提供,才能保证不断满足消费者的需求。

3. 保管功能

商品具有价值和使用价值,一旦失去使用价值,便失去了功能和用途,不会被消费者购买。而保护商品品质,也是储存的一项重要功能。因此,在仓储过程中要选择合适的储存场所,采取适当的养护措施,对产品进行养护、管理,防止其损坏而丧失使用价值。

4. 加工功能

产品在储存期间,可以根据客户的要求对产品的外观、形状、尺寸等进行流通再加工,提高产品的附加价值,以促进产品的销售及增加收益。

5. 整合功能

仓库将来自多个制造商的产品或原材料整合成一个单元,进行一票装运,分别对各客户进行集中送货。这样可以大大降低运输成本,减少由多个供应商向同一客户供货带来的拥挤和不便。

6. 市场信息的传感器

任何产品的生产都必须满足社会的需要,生产者需要把握市场需求的动向。

而仓储产品的变化是生产者了解市场需求极为重要的途径。仓储量减少，周转量加大，表明社会需求旺盛；反之，则为需求不足。厂家存货增加，表明其产品需求减少或者竞争力降低，或者生产规模不合适。仓储环节所获得的市场信息虽然滞后，但更准确和集中，且信息成本较低。现代企业特别重视仓储环节的信息反馈，将仓储量的变化作为决定生产的依据之一。

7. 提供信用的保证

在大批量货物的实物交易中，购买方必须检验货物、确定货物的存在和货物的品质方可成交。购买方可以到仓库查验货物。仓库保管人出具的货物仓单是实物交易的凭证，可以作为给购买方提供的保证。

8. 现货交易的场所

存货人要转让已在仓库存放的商品时，购买人可以到仓库查验商品取样化验，双方可以在仓库进行转让交割。国内众多批发交易市场既是有商品储存功能的交易场所，也是有商品交易功能的仓储场所。

7.1.3 商品储存的基本要求

为了保证商品的质量，防止商品损耗，在储存管理中应做好以下工作：

1. 严格验收入库商品

商品入库验收，主要包括数量验收、包装验收和商品质量验收三个方面。

入库验收程序：先查大数，后看包装，见异拆验。细心核对单货（商品的品名、编号、货号、规格、数量等方面）信息，以保证单货相符。认真检查商品包装有无脏污、受潮或残破等情况，内装商品质量是否完好，有无霉变、腐蚀、虫蛀、鼠咬和其他物理、化学变化发生，以便及时采取相应措施，确保在库商品质量安全。

> **知识拓展**　　　　　　白茶入库流程及要求
>
> 白茶入库时，需严格按照"填写入库单→审核→登记入库"流程操作。茶叶应及时包装入库，入库的茶叶应有相应的记录和标识，做到分类、分区存放。要细心检验商品包装，入库的包装件应牢固、完整、防潮、无破损、密封。工作人员还应认真填写出入库记录单。

白茶出入库记录单

名称		等级	
产地		批次号（生产日期）	
包装		数量（重量）	
日期	进仓数量	出仓数量	结存数量

仓管员：_____

资料来源：《白茶储存技术规范》（DB35/T 1896—2020）

知识拓展　　生鲜食品入库验收要求

种类	验收要点	抽样数量
果蔬类	查看是否具备检验报告单；食品外观是否新鲜、无腐败及病虫害现象，无异味；品相是否完整，大小是否均匀	从至少10kg样品中随机取样2kg（瓜果类5个个体）
畜禽肉类	查看是否具备检验报告单及动物检疫合格证明；食品颜色、气味和弹性是否正常，有无注水等异常现象	从3片至5片酮体或同规格的分割肉上取0.5kg至2kg
鲜蛋类	查看是否具备检验报告单、产地证明或购货凭证、合格证明；查看是否完整、无破损	从至少三箱中随机取样50枚
水产品类	查看是否具备检验报告单；外观是否新鲜、无腐败现象，颜色、气味和弹性是否正常	随机取样至少1kg（4个包装袋）
进口生鲜食品	查看批次入境检疫检验合格证明、包装是否完整、是否在保质期内；查看是否为国家明令禁止的疫区食品	随机取样至少1kg
包装食品	具备该批次的检测报告；食品包装完整，是否在保质期内	随机取样2至4个包装

资料来源：《生鲜食品冷链仓储配送管理规范》（DB4501/T 0010—2023）

2. 适当安排储存场所

各种商品性质不同，对储存场所的要求也不同。应根据储存商品的特性选择合适的商品储存场所，以确保在库商品的安全。商品储存场所主要包括货场、货棚和库房。怕热和易挥发的商品应选择较阴凉和通风良好的仓库；怕冻的商品应选择保温性较好的仓库，并备有保温设施；怕潮易霉或易生锈的商品应存放在地势较高且干燥通风的库房；鲜活易腐的商品应存放在低温库内；各种危险品应专库存放，符合防毒、防爆、防燃、防腐蚀的要求。商品储存要做到分区分类、科学存放，即品种分开、干湿分开、新陈分开、好次分开，尤其对性质相抵和消防方法不同的商品，不可同库混放。

知识拓展　　　　　储存白茶的仓库要求

　　储存白茶时宜选用钢筋混凝土结构或钢结构的库房。库房应使用环保、无异味的建筑材料，并配有电箱、母线槽、导管电缆敷设、开关插座灯具安装、接地装置、防雷引下线等库房电力系统。多层或高层库房应设置电梯或其他升降设备。室内地坪应高于室外场地地面0.5m；库房地面应采用耐磨、不起灰砂、强度较高的面层材料，应有防潮措施。库房内墙及顶棚应具有防霉、防潮性能，不易积灰，方便清洁。库房屋面应采用防水、隔热措施。门窗应开启灵活，整体密封、隔热，所有门窗、孔洞处等应设防虫、防鼠设施。

　　储存白茶时库房内宜有通风散热措施，仓储时温度宜不高于35℃，相对湿度宜控制在50%以下，避光保存，避免阳光直射。

资料来源：《白茶储存技术规范》（DB35/T 1896—2020）

知识拓展　　　　　生鲜食品贮存条件

食品类别	贮存条件	
	温度（℃）	相对湿度（%）
果蔬类	根据食品自身的生理特性选择适宜的温湿度和贮存方法	
畜禽肉类	0℃～4℃	80%～90%
鲜蛋类	0℃～20℃	80%～85%
水产品类	0℃～4℃	80%～90%
进口生鲜食品	0℃～4℃	90%～95%
包装食品	依照包装标识	依照包装标识

资料来源：《生鲜食品冷链仓储配送管理规范》（DB4501/T 0010—2023）

3. 妥善进行堆码

商品堆码是指商品的堆放形式和方法。商品的合理堆码也是储存中一项重要的技术工作，堆码应符合安全、方便、多储的原则。堆码形式要根据商品的种类性能、数量和包装情况及库房高度、储存季节等条件决定。商品堆垛存放要进行分区分类、货位编号、空底堆码、分层标量和零整分存，以便于盘点和出入库。

知识拓展　　　　　危险化学品仓库堆码要求

危险化学品仓库堆码应满足以下要求：

（1）危险化学品堆码应整齐、牢固、无倒置；不遮挡消防设备、安全设施、安全标志和通道。

（2）除200L及以上的钢桶、气体钢瓶外，其他包装的危险化学品不应直接与地面接触，垫底高度不小于10cm。

（3）堆码应符合包装标志要求；包装无堆码标志的危险化学品堆码高度应不超过3m（不含托盘等的高度）。

（4）采用货架存放时，应置于托盘上并采取固定措施。

（5）仓库堆垛间距应满足以下要求：主通道大于或等于200cm，墙距大于或等于50cm，柱距大于或等于30cm，垛距大于或等于100cm（每个堆垛的面积不应大于150m²），灯距大于或等于50cm。

资料来源：《危险化学品仓库储存通则》（GB 15603—2022）

---

4. 细致做好在库检查

商品在储存期间，质量会不断发生变化，特别是在不利的环境因素作用下，劣变的速度会加快，如不能及时发现和处理，会造成严重损失。因此，库存商品要做定期和不定期、定点和不定点、重点和非重点相结合的质量检查，并根据检查结果随时调节储存条件，减慢商品的劣变速度。

检查方法以感官检查为主，并充分利用检测设备，必要时要进行理化检验。对检查中发现的问题应立即分析原因，采取相应的补救措施以保证商品安全。如果发现商品质量有严重变化，需及时报请主管部门，按有关规定妥善处理。同时，还要实施安全检查，对库房的消防设备状态、仪表设备运行情况以及卫生状况是否符合要求进行认真的检查，并做好防虫、防火、防霉等工作。

> **知识拓展**　　花生仁在库检查技术规范

　　花生仁储存期间，需要实行定期定点检查，记录检查结果并留存2年。检查内容包括仓库温湿度、虫害和花生仁色泽、水分、发芽率、游离脂肪酸、黄曲霉毒素等。

　　检查方法如下：

　　（1）温湿度检查。花生仁入库后至少每7天检查一次，若发现异常应每天进行检查。

　　（2）虫害检查。按不同季节、虫害的活动确定检查重点，花生温度在15℃以下至少每季度检查一次，温度在15℃~20℃至少每半月检查一次，温度20℃以上，至少每7天检查一次。

　　（3）色泽检查。花生仁入库后，至少每7天检查一次。

　　（4）水分检查。花生仁入库后，至少每7天检查一次，若发生异常时应做到每天进行检查。

　　（5）发芽率检查。花生仁入库后，至少每季度检查一次。

　　（6）游离脂肪酸检查。花生仁入库时检查一次；温度在20℃以下时，至少每2个月检查一次；当温度超过25℃时，至少每月检查一次。

　　（7）黄曲霉毒素测定。花生仁入库时检查一次，而后至少每半年检查一次。

　　资料来源：《花生仁储存技术规范》（DB34/T 2280—2014）

5. 认真做好出库检验

商品出库是仓储业务的最后阶段，要求做到以下几点。

（1）必须有业务部门开具齐备的提货单，并认真验证核查，手续齐备，如此商品才能出库。

（2）对交付的商品要认真核对品种、规格、数量等重要信息，复核要仔细，单货同行。

（3）商品的包装应完整，标志准确、清晰，符合运输要求。

（4）对预约提货的商品，应及早备货。

（5）为了维护企业经济利益，商品出库应符合先进先出、接近失效期先出、易坏先出的"三先出"原则，及时发货，但变质失效的商品不准出库。

> **知识拓展** 小龙虾冷冻制品出库检验要求
>
> 根据《小龙虾冷冻制品仓储技术规范》，该种商品出库作业应符合以下四点要求：
>
> （1）仓库管理人员审核提货单的合法性，提货单由提货方开具，交由发货方审核后开具出库单，提货专员凭出库单去仓库提货。
>
> （2）仓库管理人员审核出库单信息是否完整，包括单位名称、物品名称、规格、型号、数量、单价、有关部门和人员签字盖章等。
>
> （3）仓库管理人员根据出库单上完整准确的信息进行备货，做好出库货物的拆分、包装、分拣、称重等工作。
>
> （4）在出库作业过程中，管理人员应根据单据信息与货品进行核对，交接人员应签字确认。原始单据等资料归入货物档案管理。
>
> 资料来源：《小龙虾冷冻制品仓储技术规范》（T/MJJF 002—2023）

7.1.4 商品储运期间质量变化

商品在储运期间由于本身的性能特点以及各种外界因素的影响，可能会发生各种各样的质量变化，归纳起来有物理机械变化、化学变化、生理生化变化及生物学变化等。研究商品的质量变化，了解商品质量变化的规律及影响商品质量变化的因素，对确保商品安全，防止、减少商品劣变或损失有十分重要的作用。

1. 商品的物理机械变化

商品的物理机械变化是指仅改变商品本身的外部形态，不改变商品性质的变化。商品常发生的物理机械变化有挥发、溶化、熔化、渗漏、串味、沉淀、沾污、破碎与变形等。

（1）挥发。挥发是低沸点的液体商品或经液化的气体商品在空气中经汽化而散发到空气中的现象。液态商品的挥发，不仅会造成商品数量减少，其商品质量也会降低。而且有些商品挥发出来的气体（如乙醚、丙酮）会影响人体健康，甚至发生燃烧或爆炸事故。常见易挥发的商品有香水、酒精、白酒、化学溶剂、医药中的一些试剂，部分化肥、农药和杀虫剂、油漆也具有挥发性质。

（2）溶化。溶化是指固体商品在保管过程中，吸收空气或环境中的水分至一定程度后溶解的现象。一般情况下，气温越高、相对湿度越高，商品越容易溶化。

（3）熔化。熔化是指某些低熔点的固体商品在温度较高时，发生变软变形甚至熔融为液体的现象。这类商品在储运中应严格控制温度，采用密封和隔热措施，防止日光照射，尽量减少温度对其的影响，特别是在夏季，要根据实际情况适当采取降温措施。

> **课堂训练**
>
> 根据课程内容，思考并讨论溶化与熔化有何不同，举例说明。

（4）渗漏。渗漏是指液体商品发生跑冒滴漏的现象。液体商品尤其是易挥发的液体商品，由于包装质量、包装材料或包装技法不符合商品性能的要求，或因商品受热或结冰、搬运装卸等原因易发生渗漏。商品的渗漏不但会造成商品流失，而且还会造成严重的空气污染和环境污染。

（5）串味。串味是指吸附性较强的商品吸附其他气味、异味，从而改变商品原有气味的现象。常见的易串味商品有大米、面粉、茶叶、烟草等，为防止商品串味应对易被串味的商品尽量采取密封包装，在储存和运输过程中不要与有强烈气味的商品同车、同船、同库储藏，同时还要注意运输工具和仓储环境的整洁卫生。

（6）沉淀。沉淀是指含有胶质和易挥发成分的商品在低温或高温等因素影响下，引起部分物质凝固，进而发生沉淀或膏体分离的现象。预防商品的沉淀，应根据商品的特点，防止阳光照射，做好商品冬季保温工作和夏季降温工作。

（7）沾污。沾污是指商品外表沾有其他污物或染有污秽物的现象。商品沾污主要是生产、储运中卫生条件差以及包装不严所致。

（8）破碎与变形。破碎与变形是指商品在外力作用下所发生的形态上的改变。脆性较大或易变形的商品有玻璃、陶瓷、搪瓷、铝制品等。因包装不良，在搬运过程中受到碰、撞、挤、压或抛掷而易破碎、掉瓷、变形等；塑性较大的商品，如皮革、塑料、橡胶等制品由于受到强烈的外力撞击或长期重压，易丧失回弹性能，从而发生形态改变。对易发生破碎和变形的商品，要注意妥善包装，轻拿轻放，堆垛高度不能超过一定的压力限度。

> **课堂训练**
>
> 请根据日常生活知识和所学知识认真填写下表。
>
> | 序号 | 易发生物理机械变化的商品 | 质量变化的类型和表现 | 包装方式 | 储存方法及注意事项 |
> |---|---|---|---|---|
> | 1 | | | | |
> | 2 | | | | |
> | 3 | | | | |
> | 4 | | | | |
> | 5 | | | | |

2. 商品的化学变化

商品的化学变化是指不仅改变物质的外表形态，也改变物质的本质，并生成新物质的变化现象。商品发生化学变化，严重时会使商品完全丧失使用价值。常见的化学变化有氧化、锈蚀、分解、化合、老化、聚合等。

（1）氧化。氧化是指商品与空气中的氧或其他放出氧的物质接触，发生与氧结合的化学变化。物质与氧缓慢反应，缓缓发热但不发光，这种氧化称作缓慢氧化，如金属锈蚀、生物呼吸等；在氧化过程中剧烈的发光发热，这种氧化称作燃烧。商品氧化不仅会降低商品质量，情况严重时会使商品丧失使用价值。容易发生氧化的商品品种较多，如某些化工原料、纤维制品、橡胶制品、油脂类商品等。

（2）锈蚀。锈蚀是金属制品的特有现象，即金属制品在潮湿空气及酸、碱、盐等作用下发生被腐蚀的现象。金属制品的锈蚀，会影响制品的质量和使用价值。

（3）分解。分解（包括水解）是指某些化学性质不稳定的商品，在光、热、酸、碱及潮湿空气的影响下，由一种物质分解成两种或两种以上物质的现象。

水解是指某些商品在一定条件下，遇水发生分解的现象。

（4）化合。化合是指两种或两种以上物质互相作用，生成一种新物质的反应。

（5）老化。老化是指高分子材料（如塑料、橡胶、合成纤维等）在储存过程中，受到光、热、氧等外界条件的作用，分子链发生降解和交联等变化，出现发黏、龟裂、变脆、强力下降、失去原有优良性能的变质现象。

（6）聚合。聚合是指某些商品组成中的化学键在外界条件下发生聚合反应，成为聚合体而变性的现象。例如，福尔马林变性、油表面结块均是聚合反应的结果。

> **课堂训练**
>
> 请根据日常生活知识和所学知识认真填写下表。
>
> | 序号 | 易发生化学变化的商品 | 质量变化的类型和表现 | 包装方式 | 储存方法及注意事项 |
> | --- | --- | --- | --- | --- |
> | 1 | | | | |
> | 2 | | | | |
> | 3 | | | | |
> | 4 | | | | |
> | 5 | | | | |

3. 商品的生理生化变化

（1）呼吸作用。呼吸作用是指有机体商品在生命活动过程中，由于氧和酶的作用，体内有机物质被分解并产生热量的生物氧化过程。呼吸作用分为有氧呼吸和缺氧呼吸两种类型。不论是有氧呼吸还是缺氧呼吸，都要消耗营养物质，降低商品的质量。有氧呼吸会伴随热的产生和积累，使食品腐败变质。有机体分解出来的水分，又有利于有害微生物生长繁殖，加速商品的霉变。缺氧呼吸除有热的产生和积累外，还会产生酒精积累，引起有机体细胞中毒，造成生理病害，缩短商品储存时间。

保持正常的呼吸作用是维持有机体的基本生理活动。因此，鲜活商品的储藏应保证它们正常而最低的呼吸，利用它们的生命活性，减小损耗，从而延长储藏时间。

（2）发芽。发芽是指有机体商品在适宜条件下，冲破"休眠"状态而发生的萌芽现象。发芽的结果会使有机体商品的营养物质转化为可溶性物质，满足有机体本身的需要，从而降低有机体商品的质量。在发芽过程中，通常伴有发热、发霉等情况，这不仅会增加损耗，而且会降低质量。因此对这类商品必须控制其水分，并加强温湿度管理，防止发芽现象的发生。

（3）胚胎发育。胚胎发育主要指鲜蛋的胚胎发育。在鲜蛋的保管过程中，当温度和供氧条件适宜时，鲜蛋会发育成血丝蛋、血环蛋。经过胚胎发育的鲜蛋，其新鲜度和食用价值大大降低。为抑制鲜蛋的胚胎发育，必须加强温湿度管理，最好在低温下储藏或截断供氧。

（4）后熟。后熟是指瓜果、蔬菜等食品脱离母株后继续成熟的现象。瓜果、蔬菜等食品的后熟作用能改进色、香、味以及硬脆度食用性能。但当后熟作用完成后，食品则容易腐烂变质，难以继续储藏甚至失去食用价值。因此，对于这类食品应在其成熟之前采收，控制储藏条件，以达到延长储藏期、均衡上市的目的。

> **学习探究**
>
> 储存1～3颗红薯，观察其质量变化并做好观察笔记。
>
> **红薯质量变化记录表**
>
> | 储存方式 | | 储存起始时间 | | 红薯品种 | |
> |---|---|---|---|---|---|
> | 储存温度 | | 储存终止时间 | | 记录人 | |
> | 周 期 | 变　化 |||||
> | 第　天 ||||||
> | 第　天 ||||||
> | 第　天 ||||||
> | 第　天 ||||||
> | 第　天 ||||||
> | 第　天 ||||||

4. 商品的生物学变化

商品的生物学变化是指由微生物、仓库害虫以及鼠类等生物所造成的商品质量的变化，主要有霉腐、发酵和虫蛀等。

（1）霉腐。霉腐是商品在霉腐微生物作用下所发生的霉变和腐败现象。在气温高、湿度大的季节，如果仓库的温湿度控制不好，储存的纺织品、皮革制品、纸张、香烟以及中药材等商品就会生霉，鱼、蛋类商品会腐败发臭，水果、蔬菜会腐烂，果酒会变酸，酱油会生白膜，这种情况就是典型的霉腐。无论哪种商品，只要发生霉腐，就会受到不同程度的破坏，严重霉腐可使商品完全失去使用价值。有些食品还会因腐败变质而产生有毒物质，引起人畜中毒。对易霉腐的商品在储存时必须严格控制温湿度，做好商品防霉腐工作。

（2）发酵。发酵是指某些酵母和细菌所分泌的酶作用于糖类、蛋白质而发生的分解反应。发酵广泛应用于食品酿造业。如果空气中的微生物自然地作用于食品进行发酵，会破坏食品中的有益成分，使其失去原有品质，还会出现不良气味，甚至产生有害人体健康的物质。防止食物自然发酵除要注意卫生外，还要做好密封和温湿度的控制工作。

（3）虫蛀。商品在储存期间常常会遭到仓库害虫的蛀蚀。危害商品的仓库害虫有40多种。经虫蛀的商品不仅组织结构会被破坏，还会产生洞孔或发生破碎。害虫的排泄物也会污染商品，影响商品质量和外观，降低商品的使用价值。

> **课堂训练**
>
> 请根据日常生活知识和所学知识认真填写下表。
>
> | 序号 | 易发生生物学变化的商品 | 质量变化的类型和表现 | 包装方式 | 储存方法及注意事项 |
> |---|---|---|---|---|
> | 1 | | | | |
> | 2 | | | | |
> | 3 | | | | |
> | 4 | | | | |
> | 5 | | | | |

7.1.5 商品储存的方法

不同的商品，因其性质不同，对储存环境的要求不同，其储存方法也不尽相同。下面以食品为例，讲解商品的储存方法。

1. 低温储存法

低温储存法是指利用低温抑制微生物繁殖和酶的活性并使生化变化速度降低的一种常用食品保鲜方法。低温储存按储存的温度不同可分为冷却储存和冷冻储存两种。

冷却储存又叫冷存，储存的温度一般在-10℃～0℃，食品不结冰。由于温度在0℃左右，某些嗜冷性微生物仍可繁殖，而且食品中酶的活性并未完全被控制，因此，储存期限不宜过长。

冷冻储存又叫冻结储存。目前我国冷冻储存主要用于畜、禽、鱼、肉的储存保鲜。冷冻储存温度一般为-18℃，该温度可抑制微生物的活动和酶的活性，因而冷冻食品可以较长时间储存。

2. 盐腌与糖渍储存法

利用食盐或食糖溶液的高渗透压和降低水分活性的作用，使微生物脱水死亡，从而达到储藏食品的目的。

盐腌储存法是指向食品中加入一定量的食盐来提高渗透压的储存法。盐腌不仅可以防腐，还可以增加食品风味。需要注意的是，腌制食品时要注意把握盐的用量，盐量过少达不到防腐目的，盐量过多会影响食品的味道。一般腌制中食盐含量在8%～10%为宜，在此浓度上可抑制多种腐败菌和致病菌的繁殖。此外，在腌制过程中应注意尽量在低温环境条件下进行。鱼、肉、禽、蛋及各种瓜果、蔬菜，都可采用盐腌储存法防腐。

糖渍储存法也是一种食品加工储藏方法，主要应用于果蔬类食材。糖渍过程可以分为两种类型：一种是冷浸法，即不加热糖液，而是让原料在室温下慢慢吸收糖分，这样可以较好地保留原料的原有色泽、香气、味道以及形态和质地；另一种是在糖液温度较高的情况下，将原料迅速冷却，这样也能促进糖分的渗透，导致原料失水，最终达到减少原料体积的目的。糖渍的时间大约为一周左右。这种方法特别适合那些果肉组织较为疏松且不耐煮的水果，如青梅、杨梅、樱桃等。

拓展阅读

走进非遗——金华火腿腌制技艺

火腿是我国传统美食，以鲜艳的色泽、独特的芳香、诱人的风味、美观的外形，即色、香、味、形"四绝"而闻名天下，是我国腌腊肉制品中的精品。金华火腿腌制技艺是制作金华火腿的独特技艺，于2008年入选第二批国家级非物质文化遗产名录。

制作金华火腿所选用的猪有"中华熊猫猪"之誉，头颈部和臀尾部呈黑色，其余部位则为白色，俗称"两头乌"，其体型大小适中，骨细，皮薄，肥瘦适度，肉质细嫩，腿心饱满。腌制火腿时，选用后腿为专用原料。

金华火腿腌制技艺工艺复杂，分为低温腌制、中温脱水和高温发酵三个技术阶段。金华火腿一般在每年立冬到次年立春之间以低温进行腌制，腌制方法有干腌堆叠法、干擦法和湿擦法等。上盐是腌制过程中的重要环节，腿胚前后需6次用盐，还要经过浸腿、洗腿、整形、日晒和定型等工序处理，然后进行发酵。在发酵过程中，要保持良好的通风，并严格控制气温。发酵室温度和湿度通常通过开关门窗来进行调节。晴天开窗通风，雨天关窗防潮，高温天气则昼关夜开。发酵完成后，腿胚还要经过堆叠、翻堆、分级、上油、检验包装等处理。金华火腿整个制作过程前后经过80多道工序，历时约10个月。腌制成的金华火腿瘦肉呈玫瑰红色，肥肉晶莹透亮，肥而不腻，口味鲜美，在自然温度下贮存三四年仍能保持原有品质。

千年的历史传承造就了金华火腿独特的腌制工艺和与之相关的饮食及地方民俗文化。其独特的制作工艺和口感使得它成为我国传统饮食文化的重要组成部分，向全世界展示了我国丰富多样的美食文化和独特的腌制技艺。

3. 气调储存法

气调储存法是指调节环境气体成分的储存方法。其原理是改变仓库或包装中的正常空气组成，降低氧含量，增加二氧化碳含量，以减弱鲜活食品的呼吸强度，抑制微生物发展和食品的化学成分变化。气调储存还需有低温条件配合才能获得良好效果，因此，气调储存可以看作是低温储存的强化手段。

自然界的生物进行呼吸时大都吸收氧气和释放二氧化碳，而氧气主要由空气供给。呼吸旺盛和微生物繁殖是鲜活食品容易变质的主要原因。因此，在低温条件下储存时，降低空气中的氧气含量，增加二氧化碳含量，会使鲜活食品和微生物的呼吸作用受到抑制，从而增加鲜活食品的储存性能。

气调储存具体的方法有两种：一种是普通气调储存，即利用鲜活食品本身的呼吸作用，消耗空气中的氧并增加二氧化碳的浓度，以达到调节气体成分的目的；另一种是机械气调储存，即利用二氧化碳发生器控制氧气的含量来调节密封库内的空气成分。

7.1.6 商品运输的主要方式

商品运输是指商品在空间上的流通或者移动的过程。运输方式是影响货物质量的关键因素之一，不同的运输方式对货物的损坏程度有很大的影响。同时，运输工具的选择也要符合商品的特性和特点，否则会对商品质量产生不利影响。除此之外，路径选择的科学性也是影响货物质量的因素，应根据货物的特点及运输距离，尽可能选择最短和最安全的路线，以免商品损坏。目前，主要的运输方式有以下几种：

1. 铁路运输

铁路运输是一种重要的现代陆地运输方式。其优点为：运输成本较低；运载能力大，是远距离、大体积、高密度、高吨位货物的理想运输方式；受自然条件影响较小，能保证运行的经常性和连续性；安全性强，计划性强，准时性高。但铁路运输没有自营的货运专线，也不能随意更改车次和发车时间，只能在固定线路上行驶，不能随处停车，并且还需要其他的运输手段配合和衔接来实现"门到门"服务，所以灵活性较差。综合来看，铁路运输更适用于远距离的大宗商品运输。

> **新规速览**
>
> **《铁路旅客运输安全检查管理办法》实施**
>
> 2023年，为了保障铁路旅客运输安全和人身财产安全，加强和规范铁路旅客运输安全检查工作，根据《中华人民共和国反恐怖主义法》《中华人民共和国铁路法》《铁路安全管理条例》等法律、行政法规，交通运输部制定《铁路旅客

运输安全检查管理办法》，并于2024年2月1日实施。办法规定，铁路运输企业应当对旅客及其随身携带或者托运的物品进行安全检查。应当根据实际及时调整车站安全检查通道的开放数量，日常旅客安全检查等候一般不超过5分钟。旅客列车上发现禁止托运和随身携带的物品，或者超过规格、数量限制随身携带的物品时，应当妥善处置，并移交前方停车站。对旅客提出需要交车站保管的物品，车站应当为其提供保管服务，免费保管期限一般不超过3天。铁路运输企业与旅客另有约定的，按照其约定。铁路运输企业因安全检查工作损毁旅客物品的，依法承担民事责任。

《铁路旅客运输安全检查管理办法》自2月1日起施行。办法规定，铁路运输企业应当根据实际及时调整车站安全检查通道的开放数量，日常旅客安全检查等候一般不超过5分钟。

2. 公路运输

公路运输是陆地运输方式的另一种形式。其优点为：方便快捷，可以实现"门到门"的服务；运输速度较快，可以根据需要灵活制订运输时间表，运输过程中货物损耗小。但是公路运输也具有一定的局限性，其运输能力小，运输成本高，不太适合长距离、大量的商品运输，且容易受环境、气候的影响。综合来看，公路运输适用于小批量、短途商品运输。

3. 水路运输

水路运输主要有三种形式：

（1）河流运输。即使用中小型船舶在内陆的江、河、湖、川等水道进行运输。

（2）沿海运输。即使用中小型船舶通过大陆附近沿海航道运送货物。

（3）远洋运输。即跨越大洋的长途运输，主要依靠运量较大的大型船舶。

水路运输的主要优点是：运载量大；运输费用低廉，从国际贸易的运货数量来看，水运是所有运输方式中运费最便宜的。但水路运输也有缺点，包括：运输速度比较慢，运输时间难以保证；港口设施需要高额费用；受天气影响很大，如潮汐、暴雨、台风等天气影响。由此看来，水路运输更适合于承担运量大、运距长、对时间要求不紧迫、运费负担能力相对较低的货物运输。

4. 航空运输

航空运输是指使用飞机进行货物运输的运输方式。航空运输的主要优点是：运送速度快，是汽车、火车速度的 5～10 倍，是轮船速度的 20～30 倍；不受地形限制，在运输途中对货物的震动和冲击较少。但运输费用高昂，运输能力较小，易受气候环境的影响。主要适用于运输价值高、运费承担能力强的商品（如贵重的零部件、高档商品等）或急需的商品。

🌐 行业动态 ▶

智享科技——深圳"空中出租车"首飞成功

2024年3月，深圳人才公园潮汐广场西南侧，一架接一架从西边飞来的无人机飞向外卖公司的空投柜。当一架无人机落在柜顶投餐时，另一架在十余米外的地方等待下降、投餐。为保持安全间距与投递节奏，投妥的无人机会急速上升到返程飞行高度后，待投无人机就开始缓降、悬停，迅速完成投递。用无人机送外卖虽已不是新闻，但送餐无人机仅用两年半的时间从坪山的边缘飞到南山的中心，突破重重障碍进入城市地标，可以称得上是非常成功。2023年12月，中央经济工作会议强调，要以科技创新推动产业创新，发展新质生产力。作为新质生产力的代表，低空经济位列其中。送餐无人机起飞，正是深圳低空经济发展现状的展现。

除送餐无人机以外，被誉为"空中出租车"的电动垂直起降航空器（eVTOL）"盛世龙"从广东深圳蛇口邮轮母港起飞，降落在珠海九洲港码头。深圳、珠海分别位于珠江口东西两岸，以往乘车出行要绕道南沙大桥或者虎门大桥，用时约2到3小时。电动垂直起降航空器无需传统机场和跑道，仅需20分钟就可以完成深圳、珠海间的跨城之旅。这是全球首条跨海跨城电动垂直起降航空器航线的公开首次演示飞行。"盛世龙"由上海峰飞航空科技有限公司自主研制，起飞重量2000公斤，可载5人，速度可达200公里/小时，核心模组100%国产化。该航空器在获取适航证后，预计将于2026年开启载人飞行。而在进行大规模应用以后，未来深圳到珠海的单座票价有可能仅需两三百元。

5. 管道运输

管道运输是指利用管道输送气体（如天然气等）、液体（如原油、各种石油成品等）和粉状固体（如矿砂、煤炭等）的一种运输方式。其运输形式是靠物体在管道内顺着压力方向顺序移动实现的，和其他运输方式的重要区别在于管道设备是静止不动的。目前我国的管道主要是油品管道和气体管道。管道运输的优点是：运输量大，连续性强，安全性高，成本低，受环境因素影响少，安全可靠，无污染。但其设备投资大，灵活性差，运输适用性有一定的限制。

各种商品运输方式特征差异见表7-1。

表7-1　各种商品运输方式特征差异

运输方式	运输成本	运输速度	运输能力	适用范围
铁路运输	较低	较慢	较强	远程、量大
公路运输	较高	较快	较弱	短途、量小
水路运输	最低	最慢	最强	大宗、远程、非急需
航空运输	最高	最快	最弱	贵重、急需、量小
管道运输	较低	连续、可变	较强	液态、气态商品

7.2　商品养护

商品养护是指商品在储存过程中所进行的保养和维护。从广义上说，商品从离开生产领域而未进入消费领域之前这段时间的保养与维护工作都称为商品养护。商品在储存过程中可能发生的损耗和质量劣变现象是多种多样的，可采用的养护措施也是多种多样的。这里仅介绍其中一些常用的养护措施。

7.2.1　仓库温湿度控制与调节

商品在仓库储存过程中的各种变质现象，如霉变、挥发、溶化、虫蛀、锈蚀等，都与空气温、湿度密切相关。仓库内部需要保持适宜的温度和湿度，以确保货物的安全和保质期。密封、通风等办法是控制和调节仓库内温、湿度的有效办法。

1. 密封

密封是温湿度管理的基础，它是利用一些不透气、能隔热隔潮的材料，把商品严密地封闭起来，以隔绝空气，降低或减小空气温湿度变化对商品的影响。密封也是进行通风、吸湿等方法的有效保证，运用得当，可以起到防潮、防霉、防热、防溶化、防干裂、防冻、防锈蚀、防虫蛀等多方面的效果。

2. 通风

通风是将室外新鲜的空气通过通风设施送入仓库，形成空气流动，带走仓库内的热量和湿气，降低仓库内部的温度和湿度。通风是仓库散热散湿的一个重要措施，良好的通风系统可以改善室内环境，提高工作效率，有助于改善仓库内部的通风环境，提高货物的质量和保质期。

3. 吸湿和加湿

在仓库储存中多数日用化工商品和纺织品要降低湿度，而多数生鲜商品和鲜活商品需要增加湿度。因此，要严格控制仓库湿度确保商品品质。仓库除湿可通过自然通风法、机械通风法或使用工业除湿机等方法；增加仓库内湿度可以通过在库内放置敞口盛水容器或用水洒地、用湿布擦地进行自然加湿，也可以安装恒温恒湿设备从而有效控制仓库内的温湿度。

4. 升温和降温

当仓库内温度不适宜存放商品时，会给货物带来很大的损害和损失，在不能用通风来调节温度的情况下，科学、合理的升温或降温处理变得非常必要。例如，在炎热的夏季，仓库内的温度往往会变得非常高，商品受损的概率增大，可以借助风扇、空调系统和水雾喷淋系统等在仓库进行降温；冬季可以利用暖气设备来提高库房温度。

商品质量变化是量变到质变的过程。因此商品养护工作必须坚持以防为主，时刻加强仓储温湿度管理，并针对不同商品的不同性质、特点，采取科学的养护措施。

7.2.2 商品霉腐的防治

商品在某些霉腐微生物的作用下，将引起商品出现生霉、腐烂或腐败的现象。因此，需加强商品微生物危害的防治，具体防治措施包括：

1. 化学药剂防霉腐

有些商品可采用化学药剂防霉腐，在生产过程中把防霉剂加入到商品中，或者把防霉剂喷洒在商品和包装物上，也可以喷洒在仓库内，可达到防霉腐的目的。防霉剂能使菌体蛋白质变性，破坏其细胞机能；抑制酶的活性，破坏菌体正常的新陈代谢；降低菌体细胞表面张力，改变细胞膜的通透性，导致细胞的破裂或分解，即可抑制酶体的生长。防腐剂包括苯甲酸、托布津等。其中，苯甲酸及其钠盐是国家标准规定的食品防腐剂；托布津对水果、蔬菜有明显的防腐保鲜作用。

2. 气调防霉腐

有些商品可采用气调防霉腐方法，即在密封条件下，采用缺氧的方法，抑制霉腐微生物的生命活动，从而达到防霉腐的目的。气调防霉腐主要有真空充氮防霉腐和二氧化碳防霉腐两种方法。气调防霉腐对好气性微生物的杀灭具有较理想的效果。真空充氮防霉腐是把商品的货垛或包装用厚度不小于0.3mm的塑胶薄膜进行密封，用气泵先将货垛或包装中的空气抽到一定的真空程度，再将氮气充入；二氧化碳防霉腐，不必将密封货垛抽成真空或少量抽出一些空气，然后充入二氧化碳，当二氧化碳气体的浓度达到50%时，即可对霉腐微生物产生强烈的抑制和杀灭作用。

3. 低温冷藏防霉腐

低温冷藏防霉腐是指利用各种制冷剂降低温度以保持仓库中所需的一定低温，从而抑制微生物的生理活动，达到防霉腐的目的。

4. 干燥防霉腐

干燥防霉腐是指通过降低仓库环境中的水分和商品本身的水分达到防霉腐的目的。干燥法可以通过对仓库进行通风除湿进行，也可以采用晾晒、烘干等方法降低商品中所含的水分。

商品防霉腐除以上较常用的方法外，还可采用蒸汽法、自然冷却法和盐渍法。目前在食品防霉腐中采用的射线防霉腐法越来越受到广泛的重视。

7.2.3 仓库害虫的防治

很多商品是用动物性或植物性材料制成的，因而易遭仓库害虫危害。仓库害虫不但会破坏商品的组织结构，使商品出现孔洞甚至破碎，还会排泄各种代谢废物脏污商品，降低商品的外观和内在质量。仓库害虫以仓储物为主要危害对象，其传播途径有两种：一是自然传播，二是人为传播。仓库害虫是变温动物，能使其生长、发育、繁殖的温度是15～35℃，停止生育的温度是0～15℃及35～40℃，低于0℃和高于40℃就达到了仓库害虫致死温度。仓库害虫体内的水分主要来源于商品所含水分。一般仓库害虫可在商品水分13%以上和相对湿度在70%以上的条件下生活。干燥的环境会使害虫休眠以致死亡。

仓库害虫的防治要贯彻"以防为主，防重于治"的方针，防治的具体方法有如下几种：

1. 卫生防治

卫生防治是杜绝仓库害虫来源和预防仓库害虫感染的基本方法。仓库一旦出现害虫，就会快速蔓延，损失巨大。因此，必须要采取一定的预防措施。仓储中要经常保持库房的清洁卫生，使害虫不易滋生，彻底清理仓库和密封库房内外缝隙、孔洞等，严格进行消毒；严格检查入库商品，防止害虫进入库内，并做好在库商品的经常性检查，发现害虫及时处理，以防蔓延。

2. 物理机械防治

物理机械防治有两种途径：一是自然或人为的调节库房温度，使库内最低温度和最高温度超过仓库害虫不能生存的界限，达到致死仓库害虫的目的；二是利用人工机械清除的方法将仓库害虫去除。

3. 化学药剂防治

化学药剂防治是利用杀虫剂杀灭仓库害虫的方法，具有彻底、快速、效率高的优点，兼有防与治的作用。其缺点是对人有害、污染环境、易损商品，因此，在粮食及其他食品中应限制使用。在使用化学药剂防治中必须贯彻以下原则：对仓库害虫有足够的杀伤力，而对人体安全可靠，药品性质不致影响商品质量；对库房、仓具、包装材料较安全，使用方便，经济合理。化学药剂防治方法有以下几种：

（1）驱避法。将易挥发和刺激性的固体药物放入商品包装内或密封货垛中，以达到驱虫、杀虫目的。常用的有萘、樟脑精等，一般可用于毛、丝、棉、麻、皮革、竹木、纸张等商品的防虫，不可用于食品和塑胶等商品。

（2）喷液法。用杀虫剂进行空仓和实仓喷洒，直接毒杀仓库害虫。常用的杀虫剂有敌杀死、敌敌畏、敌百虫等。除食品外，大多数商品都可以进行实仓杀虫或空仓杀虫。

（3）熏蒸法。利用液体或固体挥发成剧毒气体来杀死仓虫。常用药剂有氯化苦、溴代甲烷、磷化铝等。一般多用于毛皮库和竹木制品库的害虫防治。

另外，还有高低温杀虫、电离辐射杀虫、灯光杀虫、微波杀虫、远红外线杀虫等方法。

4. 综合防治方法

根据害虫的生活习性，人为地加以控制和创造对害虫不利的生长、发育和繁殖的外部环境，达到防治仓库害虫的目的。在综合防治中，需各部门、各环节协调配合，把防治害虫的基本措施与各种防治方法有机结合起来，因地制宜地全面开展综合防治，才能收到良好的效果。

> **知识拓展**　　　　　　　　　贮烟害虫的防治办法
>
> 　　按照"预防为主，综合防治"的原则控制贮烟害虫，将贮烟害虫危害造成的损失降低到最低程度。其储存场所应洁净、通风、干燥、无异味、无污染，烟叶入库前要做好仓库卫生，用杀虫剂对储存场所进行杀虫。每个库区宜安排一个熏蒸库，有虫烟叶在熏蒸库杀虫后再进入仓库正常储存。
>
> 　　所有入库烟叶应进行虫情检查。检验方法如下：当抽取的烟包超过20包时，从中随机挑选20包，逐一打开烟包观察表层烟叶是否有虫蛀现象。若发现虫蛀现象，则从每包烟叶中随机抽取2把或20~30片烟叶逐片拍打、抖动，记录各虫态的虫口数，计算虫口密度（单位：头/kg）。当发现害虫时，可采用熏蒸杀虫法、气调杀虫法和低温杀虫法进行处理。
>
> 　　资料来源：《烟叶储存保管方法 第1部分：原烟》（GB/T 23220.1—2023）

7.2.4　金属制品的防锈蚀

金属锈蚀是指金属制品在环境介质（潮湿的空气及酸、碱、盐等）作用下，发生化学或电化学反应所引起的破坏现象。金属制品在储存中发生锈蚀的因素有两个方面：一是金属制品原材料结构不稳定、化学成分不纯、物理结构不均匀等，这是引起金属制品锈蚀的内因；二是由于空气温湿度的变化，空气中的腐蚀性气体和金属表面的尘埃都是影响金属制品发生锈蚀的外因。因此，在库房管理中，应针对金属锈蚀的原因采取必要的防锈蚀措施，以确保金属制品的安全。

（1）创造良好的条件，选择适宜的场所，改善储存环境，是进行金属制品养护的最基本措施。储存金属制品的仓库要求通风干燥、门窗严密，便于调节库内温湿度，防止出现较大温差，相对湿度一般不超过70%。库内严禁与化工商品或含水量比较高的商品同库储存，以免相互影响，引起锈蚀。

（2）涂油防锈是在金属制品表面涂一层油脂薄膜，以起到将金属与外界环境隔离的作用，从而防止或减弱金属制品的生锈。涂油防锈法简便易行，一般效果也较好，但随着时间的推移，防锈油逐渐消耗，或者由于防锈油的变质而使金属制品生锈，所以用涂油法防护金属制品生锈要经常检查，发现问题及时采取新的涂油措施，以免造成损失。目前采用的油脂主要有蓖麻油、变压器油、凡士林、黄油、机械油和仪器油等。为提高防锈油的耐热性能、油脂强度以及对制品表面的附着力，常会添加一些蜡、松香和缓蚀剂。

（3）气相防锈是利用气相缓蚀剂来防止金属制品生锈的一种方法。它是一种挥发性物质，靠挥发出来的气体达到防锈的目的。气体无孔不入，它可以慢慢地充满整个包装空间，甚至空隙和小缝中。因此，气相防锈具有方便、封存期长、包装干净和适用于结构复杂的金属制品防锈等优点。气相缓蚀剂的使用方法有气相防锈纸法、粉末法、溶液法等。

除锈方法主要有手工除锈、机械除锈、化学药剂除锈等。除锈后的金属制品应立即采取有效的防锈措施，以防再次生锈。

7.2.5 防止商品老化

防止商品老化是指根据高分子材料的性能变化规律，采取各种有效措施，以达到减缓其老化速度、延长其使用寿命的目的。高分子材料（塑胶、橡胶、化纤等）在光、氧、温度等因素的作用下，会出现发黏、变软、脆裂、僵硬、龟裂、变色、返色、透明度下降等老化现象，引起各种性能的改变，这些现象就是老化。

严重的老化会丧失制品的使用价值。高分子制品的老化原因之一是受外界因素的影响，如光、热、氧等对高分子制品的作用，使制品氧化，分子结构发生变化；原因之二是高分子制品内的增塑剂挥发。其基本防治方法是严格控制高分子制品的储存条件，库房要清洁干燥，避开热源，避免日光直射，控制和调节好库房温度，合理堆码，防止重压。在生产中，常采用添加抗老剂、涂漆、涂蜡、涂油等方法，以防止外因的作用。

知识与技能训练

知识小测

一、名词解释

1. 商品储存
2. 商品养护

二、不定项选择题

1．商品入库验收时，要核对货物的（　　）是否与单证一致。

A．商品名称　　　　　　　　B．商品编号

C．商品规格　　　　　　　　D．商品数量

2．适当安排储存场所时要做到（　　）。

A．品种分开　　　　　　　　B．干湿分开

C．新陈分开　　　　　　　　D．好次分开

三、判断题

1．啤酒储存时要注意低温避光。（　　）

2．商品出库必须有业务部门开具齐备的提货单，并认真验证核查，手续齐备，商品才能出库。（　　）

3．储存食品时可采用低温储存法来保证食品的质量。（　　）

4．所有白酒的贮藏期是一样的。（　　）

5．高分子材料（塑胶、橡胶、化纤等）在光、氧、温度等因素的作用下，出现发黏、变软、脆裂、僵硬、龟裂、变色、返色等现象时，说明产品已经老化。（　　）

案例分析

超市生鲜全品类商品储存工作指南

商品类别	存放要求	具体内容
肉品、水产	商品按品项归类存放	从大到小，同一商品集中存放
		销量大与销量小的分开存放，周转快的与周转慢的分开存放
		变质商品应与正常销售品分开存放，避免交叉感染
	商品按新旧货分开存放	根据商品到货日期，进行新旧货区分存放
	商品要隔墙离地存放	商品不可直接放在地上，需离地10cm、隔墙5cm
	商品存放要保证商品安全和人员安全	商品安全：商品按标准码放，不超高不超重，防止商品被压坏，造成损耗
		人员安全：易取，在人手正常能够伸到的地方
		仓库的陈列必须保持整洁、美观、卫生

（续）

商品类别	存放要求	具体内容
果蔬	常温仓库商品存放注意事项	不能将商品直接放在空调外机下或放在露天位置，容易被晒或被雨淋
		密封包装商品到货时，需分筐散热
		先熟先卖；按销售量大小分开存放，方便存取
	保鲜库商品存放注意事项	商品需放在纸皮箱内，封箱存放
		商品不可直接对着风口
		存放在保鲜库中，放置于铁架上；避免货品直接接触地面，以免进水造成商品变质、损坏
		折价商品与正常商品要分开存放

阅读案例回答问题：

1．商品储存具有哪些重要功能？
2．如何做到科学存储？

技能训练

香水的保存方法

一、训练内容

请调查了解香水的特性并结合本章学习的内容，从实际出发，归纳总结香水的正确保存方法。

二、训练目的

1．能进一步了解商品的储存方法。
2．能有针对性、合理地选择商品储存方法。
3．能总结归纳各种储存方法的优缺点。
4．能清晰表达选择该储存方法的意见和观点。

三、训练指导

1．布置任务：将教学班学生按3～5人的标准划分成若干个任务小组，以小组的方式完成任务。
2．任务要求：各任务小组需要根据本章课程的学习内容完成该项任务，要求储存方法要科学、合理，符合香水商品的特征与特性。

3．课堂陈述：各任务小组成员将归纳总结出的方法进行陈述。

4．评价效果：各小组代表陈述后，指导老师点评该次技能训练的情况，并给予相应的表扬与奖励。

岗位实战

如果你是一位美食带货主播，你会如何讲解以下商品的储存注意事项？

食品种类	储存注意事项
草莓	
大米	
巧克力	
速冻食品	
酸奶	
啤酒	

参 考 文 献

[1] 傅晖．商品基础知识[M]．北京：高等教育出版社，2018．

[2] 韩磊．商品经营实务[M]．2版．北京：高等教育出版社，2023．

[3] 于丽娟．商品管理[M]．2版．北京：高等教育出版社，2023．

[4] 窦志铭．商品学基础[M]．6版．北京：高等教育出版社，2022．

[5] 于威．商品学基础：附微课[M]．北京：人民邮电出版社，2023．

[6] 徐桂珍，侯庆辉，范玲玲．商品学：慕课版[M]．北京：人民邮电出版社，2023．

[7] 陈文汉．商品学[M]．2版．北京：机械工业出版社，2021．